威廉·弗卢塞尔作品

Gesten
Versuch einer Phänomenologie

姿 态
一种现象学实践

[巴西] 威廉·弗卢塞尔 / 著

钱 婕 周海宁 / 译

复旦大学出版社

序言　阅读弗卢塞尔的姿态

"他们是一些最低等、处于最野蛮状态的人",而"对我们来说,他们的手势和表情……比家养牲畜的还难于理解"。乘坐小猎犬号航行的查尔斯·达尔文(Charles Darwin)在与南美洲"火地人"相遇时不禁发出这样的感慨。

与原住民的交流障碍引发了达尔文对表情姿态的兴趣,于是他撰写了生命中最后一本书《人类和动物的表情》(*The Expression of the Emotions in Man and Animals*, 1872),试图弄清楚人类的表情是否具有共同的意义与起源。这可以被视为对人类姿态最早的科学研究。达尔文把姿态看成人和动物的情绪表达,他使用科学的比较方法,探究了动物与全球不同人种的表情及其意义,证明了人与猿类表情姿态的同源性和同构性。这为人类起源于猿的观点提供了另一个有力的证据。

受上述这些研究的影响,埃弗雷特·罗杰斯(Everett Rogers)在《传播学史:一种传记式的方法》(*A History of Communication Study: A Biographical Approach*)中也将达尔文列为传播研究的先驱。可见,姿态研究与传播研究具有很深的渊源。

巧合的是,姿态问题也成为传播研究的另一个源头,即芝加哥学派的乔治·米德(George Mead)破解人类本性及"社会如何可能"问题的关键。受到德国心理学家威廉·冯特(Wilhelm Wundt)的启发,他开始关注姿态。他认为,人对姿态的反应不像行为主义所说的那样是简单的"刺激-反应",而是社会性的。姿态具有某种符号意义,互动的人首先要解码这些意义,然后才能作出反应。姿态总是与交流联系在一起,互动双方对于姿态意义的想象与解读,构成了心灵或心智的基本条件。人们之所以能相互交流,就在于他们可以将自己想象成他人,从他人的角度理解姿态的意义。在这种想象和交流中,人形成了自我,具有了区别于其他动物的心智。也正是在这种想象和交流中,人与人能够相互理解,形成社会。

米德把姿态作为论证象征性互动理论的起点,把对姿态的判断推广到包括语言在内的所有人类交流分析之中。社会学家欧文·戈夫曼(Erving Goffman)继承了这一传统,将表达分成给予的(give)和流露的(give off)。前者是传播者有意发出的,后者是无意的。他则将重点放在了对后者意义的解读上。在所谓"无意间"流露的表达中,姿态占很大部分。戈夫曼擅于从互动者的举手投足中捕捉微妙的意义,开创了微观社会学的传统。米德对姿态的研究不仅影响了社会学者,也影响了哲学家。姿态的可理解性导向了主体间性的分析,尤尔根·哈贝马斯(Jürgen Habermas)将其吸收到自己的交往理论。

达尔文和米德分别开创了姿态研究的两个传统:科学因果解释的传统和意义诠释的传统。但是,他们都不约而同地将姿态与传播问题联系起来。难怪弗卢塞尔会说,姿态研究的动力来自传播理论。

姿态是人类从动物走向人类的桥梁。通过将身体作为表意的符号,人类开始了对意义的生产。从身体的姿态演变成米德所说的有声姿态(类语言表达),最后再到语言,姿态在完成其功能后,退居幕后,成为语言的附属物，甚至有被身体的科学解释取代的危险。弗卢塞尔独具慧眼，从姿态的源始性中看到了姿态对建构传播理论及理解人的在世存有的重要价值，并将其发展为一个理解人类行动的元理论或方法论。

关于姿态，弗卢塞尔的姿态概念与前人说的有何不同？为何弗卢塞尔会把它作为一个独特的方法论？

弗卢塞尔认为，姿态首先是主体做出的有意义的行为，是主体向他人展示自己的运动。这就把身体的本能反应和主体有意做出的具有意义的行为区别开来。同样，被强迫的身体运动也不是姿态，因为它不是行动者自己意义的表达。

因此，姿态必然是自由的。这种自由是个体选择的结果，所以姿态也就成为我们存在的方式。这里所说的自由不是通俗意义上的自由，即不是出于选择的功能，因为并非选择越多就意味着自由越大。在分析绘画姿态时，弗卢塞尔说，如果画家"知道"他也可以是小偷或列车员，他不会因此拥有更多（绘画姿态）的自由。"自由"不是"有条件"的反义词，更少的内外部条件限制不会带来更大的自由度。当画家超越了画笔或身体为他设定的限制之时，他不会在姿态中更加自由（本书第83—84页）。

弗卢塞尔所说的自由，是绘画中人的内在意义的展现，是对未来的自我分析。因此，他认为自由与真正的存在是同义的，自由就是真正的生活。

基于以上原因，弗卢塞尔认为姿态是一种运动，人们通过这种运动表达出一种自由，一种向他人隐藏或展示（自己）的自由。因为姿态总是涉及表达和接收，所以它必然是一个传播和交流的过程。因此，这一理论也成了传播理论的元理论（本书第191页）。

不过，交流或传播只是人类姿态的一种类型。弗卢塞尔将姿态分成四种类型：第一种，指向他人的姿态；第二种，指向某种材料的姿态；第三种，不指向任何事物的姿态；第四种，指向（回）自己的姿态。第一种姿态可被称为"严格意义上的交流姿态"，第二种姿态为"劳动的姿态"，第三种姿态为"无利害关系的姿态"，第四种姿态为"仪式姿态"。前三种姿态可被归为"开放或线性姿态"，第四种方式则自成一格，是"封闭或环形姿态"（本书第193页）。

这四种姿态也分别对应四种理论，即传播理论、劳动理论（包括艺术批评）、未来的荒诞理论（它必须与艺术批评重叠）、魔法和仪式的理论（本书第194页）。

尽管作为元理论的一般姿态理论以传播为中心，却包含比传播更丰富的内容。即使是交流的维度本身，也包含比传统传播研究更多的内容。就像前面米德所说的那样，姿态和有声姿态是语言符号的起源，所以关于姿态的一般理论也是语言学的元理论。因为语言是一种特殊的姿态，所以关于姿态的一般理论也为解读语言的姿态提供了模型。

从姿态理论的角度来看，弗卢塞尔认为传统的传播理论存在两个问题：一是它对传播的理解过于狭窄，只注重交流的姿态，忽略了劳动、仪式等其他类型的姿态；二是它过于注重符号和信息，忽视了姿态本身的意义。因此，必须将姿态的信息与其表达方式区分开来，分别分析"说了什么"与"如何说"。对表达方式的解读揭示了做出姿态者的自由，也就是说，解读者由此知道做出姿态的人是在隐藏自己还是在展示自己（他是否真实）。对信息的解读则显露出做出姿态者的意图（主体间的表达是否真实）。在这里，我们需要用不同的方法解读两种不同的符号，只有同时破译这两种符号，我们才能说达成了"真正的"交流。只有这样，一个姿态，如言说的姿态，才能被另一个姿态接受（本书第

194 页)。

弗卢塞尔认为姿态是主体做出的有意义的行为,是主体向他人展示自己的运动。这个定义与达尔文、米德等人所说的姿态有何不同?

首先,比较容易发现的是,弗卢塞尔所说的姿态与用科学定义的姿态存在本质不同。前者涉及人类存在的意义问题,后者则严格服从客观自然规律的行为。前者只能依赖接收者主观的意义解读才能被了解,它不是严格因果决定论的;后者只需要经过严格的因果关系检验,通过外在的测量,无需主观参与即可被判定。

弗卢塞尔的姿态概念与米德的姿态概念具有更多相似性,如他们都主张姿态是有意义的,姿态的意义是可沟通(具有主体间性)的,姿态的意义不是纯粹客观的而是社会建构的。但是,与米德诉诸微观的心理学和社会学的解释不同,弗卢塞尔是从现象学哲学的角度来理解姿态的。用他的话来说,姿态赋予无意义的世界以意义,我们即姿态(本书第 82 页)。

通过姿态表达,我们赋予无意义的世界以意义。由此,我们获得了世界,也获得了存在感。在我们与事件遭遇的过程中,是我们的姿态让这些事件具有了意义,既指向未来,也指向我们自己。同时,这些事件也是他人的姿态,我们从中辨认出了自己。姿态间的对话也意味着我们与事件交织,与他人交织,为他人而存在。这就构成了世界,最终也改变了世界。

弗卢塞尔深受现象学的影响,他是从生存论的意义来理解姿态的。但是,与海德格尔的生存论不同,姿态理论中的生存论给他人也留出了位置。海德格尔虽然也提出此在的存在是与他人分享世界的共在,具有一种天然的同一性,人们早在交流之前就具有了对世界相同的前理解。然而,正如伊曼努尔·列维纳斯(Emmanuel Levinas)所批评的那样,共在的他人是缺乏他者性的。他人通常以常人的方式和面目模糊地存在,使此在获得本真性的障碍,与此在之间并不构成真正的交流关系。弗卢塞尔所说的姿态则是此在向外呈现身体的运动,这种表达自由的姿态要被他人接收才能够实现其意义。因此,必须依赖他人的解读,姿态才能赋予世界以意义。通过解读姿态,我们才能理解人类的在世存有方式。

此处我们就遭遇了约翰·彼得斯(John Peters)在《对空言说:传播的观念史》(*Speaking into the Air: A History of the Idea of Communication*)中反复提到的难题:如果姿态是内在意义的体现,他人如何才能获得姿态背后的意义呢?

弗卢塞尔认为姿态的背后是情动。情动是个复杂的问题,但在本书的语境中,我们可以这样理解:情动是一个将内心状态通过身体动作表现出来,并在姿态的解读者处引起相同反应的过程。当观察他人的姿态时,我们会通过内省自己的内心去感知这一符号化再现的姿态所传达的意义,即从他人身上辨认出自己。米德所说的姿态意义的主体间性是通过理性思考得出的,但这里说的情动不是一种理性的力量,而是非理性的能力。这个意义不是通过静观分析获得,而是通过身体感发获得的;不是通过语言,而是通过身体的想象获得的。这就像艺术家传达的意义一样,我们情不知所起,心有所感,接收到艺术品及其再现的艺术家姿态所传达的意义。因此,弗卢塞尔认为"情动不是一个伦理问题,更不是一个认识论问题,而是一个美学问题"(本书第7页)。

基于此,我们的内心状态通过姿态得以表达,再通过情动游戏被他人感知。这就是姿态的意义可以被解码的依据。

情动是通过姿态表达内心状态的方式。所谓的"内心状态",其本身也不是透明的,我们也必须通过解读外在姿态的意义去弄清楚自己的"内心状态"。这就构成了一个循环逻辑:姿态是内心状态的表达,但也只有通过姿态,我们才能通达内心状态。

弗卢塞尔的身体姿态理论为我们理解具身传播提供了新的视角。在传统的非语言传播和戈夫曼的微观身体互动研究中,身体要转化成符号才能被理解,要借助语言才能被表达。然而,借助作为情动的姿态,身体本身无需借助中介就可以进行沟通——它本身就是中介。同时,身体姿态也是主体获得意义、创造世界、真正存在的关键,凸显了身体在传播中的独特作用。

借由情动,姿态打破了主与客、内与外的二元对立,成为人与人相互理解和沟通的中介。因此,姿态的一般理论成为我们面对人和事物时,了解环境、明确形势的一种手段(工具)——它就是一个"界面理论"(本书第187页)。同时,情动具有符号性与非理性,所以我们也不能借助精确的客观方法来解码姿态,不能用简单的因果逻辑来理解姿态,而必须用意义分析和解码的方法去通达姿态背后的内心状态。它是一个谜而不是有终极答案的问题,因为谜被破解之后永远还是谜。在认识论上,姿态是多元决定的(overdetermined),即人们对一个姿态的意义可能存在多种不同的理解。

此外,受前面所说的姿态的情动过程的影响,每种对姿态的分析也必定是对自我的分析——我们通过反省,试图去理解对方出于什么内心状态做出了这种姿态,并对它进行解码。因此,在理解姿态时,区分内与外、主与客不再具有意义。

弗卢塞尔对姿态的界定导致其研究方法与象征互动理论或文化解释学的方法存在巨大差异。后两种方法通过行动者自己的诠释及对语境的深描,得到行动者对于行动意义的理解,再通过对个体意义的归纳总结出公共意义。这些方法虽然也持多元决定论,但基本精神是尽量抑制解读者的主观武断，寻找有足够说服力的外在证据进行解释。弗卢塞尔的姿态研究则是用现象学的方法内省、思辨，通过对自我的分析来获得由姿态引发的情动，从而通达姿态背后的意义。

因为缺乏严格的程序，这种充满人文色彩的姿态分析变成了像精神分析一样的魔法，但在高明的魔法师笔下，姿态分析可以大放异彩。本书对生产、绘画、摄影、摄像、烟斗等姿态的分析充满想象力，令人眼花缭乱、拍案叫绝。不过，我们也可以设想，在一个缺乏敏锐洞察力的分析者那里，姿态分析也可能成为陈辞滥调或不着边际的胡扯。

因此，姿态分析是一个并不做承诺的方法，它给我们提供了一个观察视角，但并不保证我们能看到一切。

弗卢塞尔对姿态的研究成果最早发表于1978年，至1991年由他修订后出版了德文版，也就是大家现在看到的这个版本。几乎在同一时间，意大利著名哲学家吉奥乔·阿甘本（Giorgio Agamben）也对姿态进行了研究。在《"姿势"的意义：技术图像时代的"无根基之恶"——从阿甘本到弗卢塞尔》一文中，姜宇辉对比了阿甘本与弗卢塞尔在姿态研究中的问题意识和前提假设。虽然阿甘本在讨论中并未直接与弗卢塞尔对话，但同样采取现象学进路的两个人却对姿态采取了截然不同的分析思路。

为了进一步说明弗卢塞尔姿态理论的独特性，这里也浅论阿甘本的姿态概念。

按照阿甘本的说法，他从1980年就开始关注姿态问题，并在1991年和1992年分别发表了文章《科莫雷尔，或论姿势》（Kommerell, or On Gesture）和《关于姿态的笔记》（Notes on Gesture）。前者收录于《潜能》（Potentialities），后者收录于《没有目的的手段：政治学笔记》（Means without End: Notes on Politics）。2017年，他又在"哲学研究花园"第一次讨论班"论姿态"上发言,讲稿作为前言被收录于《业:简论行动、过错和姿势》(*Karman: Breve trattato sull'azione, la colpa e il gesto*)的中文版,题为《姿势的本体论与政治学》。

阿甘本的这三篇论姿态的文本各有侧重,依次讨论了文学批评、电影与政治学。据黛博拉·勒维特(Deborah Levitt)的概述,阿甘本的姿势理论大致可分为三个阶段,即从生命政治的困境到审美领域的拯救,最后到解放性的政治行动。但是,从内在理路和发表日期来看,这三篇文章与其说是存在不同阶段的差异,不如说是同一思想在不同主题上的折射。

首先,阿甘本与弗卢塞尔最大的不同之处在于,他并不把姿态视作意义的载体,而是把姿态本身看作纯粹的媒介,看作方法论。用他的话来说,他的出发点不在于表意姿态这样的常态和"高处",而在于例外和"低处",即姿态的种种病态。

阿甘本为我们提供了开头提到的两个姿态研究传统之外的一个新谱系。他将姿态研究的起源追溯到 1886 年法国心理学家吉尔斯·德·拉·图雷特(Gilles de la Tourette)对图雷特综合征(也称妥瑞氏综合征)的研究。具体来说,就是那篇名为《关于一种神经官能性疾病的研究:其典型症状为伴随言语模仿和秽语的运作失调》的论文。据说,得了这种疾病的人会姿态崩坏,连最简单的身体动作也无法完成。

但是,阿甘本发现了一个有趣的现象:这类案例研究集中在 19 世纪末,到 20 世纪初,对图雷特综合征的研究突然消失了,直到 20 世纪 70 年代才重新出现。据说,当时一位研究者在纽约街头,几分钟之内就遇到了三名典型的图雷特综合征患者。因此,阿甘本推测,相关研究消失的真正原因是,姿态失调的症状已成常态。

阿甘本认为,现代人失去了形成姿态(作势)的能力。但是,讽刺的是，人们失去姿态的时代，也是人们执迷于姿态的时代；对被夺走一切本真性的人来说，姿态变成了命运。这引发了阿甘本对姿态的研究，他发现电影（默片）的诞生、邓肯的舞蹈、普鲁斯特的小说、里尔克的诗、瓦尔堡的"图像科学"等，都在试图保留与重现人类的姿态。

为了定义姿态，阿甘本回到了亚里士多德对行（act）和做（make）的区分上。在《尼各马可伦理学》(The Nicomachean Ethics)中，亚里士多德提出："制作与行动并不同种……制作的目的是另外于它自身的，但行动不是——做得好就是目的。"亚里士多德对行与做的区分是为了说明政治行动不像制作一样指向外在目标。然而，阿甘本认为，姿态既不是制作，也不是行动。它既不是为了其他外在的目的手段，也不是以自身为目的，而是无目的的手段（the means without end），是对纯粹的媒介性（mediality）的展示，是让人们看见手段本身，并从一切合目的性中解放出来。

他以舞蹈和拟剧说明了这一点。例如，演员做了一个拿杯子喝水的姿态，他本身既不是真的拿杯子喝水，也不是为了别的目的而移动肢体。演员"作势"模仿某个动作，同时悬置了该动作与目的间的关系。也就是说，姿态只是对可传播性的传播（the communication of communicablitiy），不具有其他实质性的目的。这种无目的的手段性和康德在《判断力批判》(Kritik der Urtheilskraft)中提出的"无目的的合目的性"有相似之处。

在阿甘本这里，当姿态与一切目的（包括表意的目的）切断联系之后，手段就可以在其中呈现出本来的面貌——姿态就是纯粹的手段。阿甘本还举过一个语言的例子，即有时人说话可能并非为了表达思想，而只是为了展示自己很有修养。这种语言是一种元语言，是为了展示语言本身的纯粹语言。正如作为一种言语的纯粹语言不传达任何东西,而只传达自身一样,它就是纯粹的可传播性。舞蹈甚至情色影片,都具有这种展示手段本身的纯粹的可传播性特质。

因此,阿甘本认为,人类并不通过姿态传达任何目标和有待解读的意义,而只传达其语言本质本身,纯粹地表明这种不再受制于任何目的的行为是可传达的。在姿态中,我们并不认识任何事物,而只认识到有什么是可被认识的,它是一种可认识性。

我们可以将阿甘本的姿态理解为纯粹的"媒介性"的展示。这个定义与弗卢塞尔关注姿态的意义传达、显示自由与存在的定义有明显不同。阿甘本的姿态概念更接近弗卢塞尔所说的四种姿态中的第四种,即指向(回)自身的姿态。但是,阿甘本并不看重这种姿态的仪式性作用,他更关注姿态本身的典范意义及其对政治学的启发。这与阿甘本倡导的"无用"具有相同的思路。就像祭品一样,正因为无用,它被从特定的目的中解放出来,所以具有了无穷的潜能和可能性。姿态的无用性就在于它不指向任何其他意义,它是语言的"塞口"(gag)。塞口指放到一个人口中阻止他说话的东西,之后也用于指演员为弥补语塞而进行的即兴表演。与弗卢塞尔认为语言源自姿态不同,阿甘本认为言语是源始的姿态,所有个体的姿态都源于此。在姿态中被谈论的,与其说是某种前语言的内容,不如说是语言的另一面,是内在于人类语言能力的暗哑,是语言寓居在语言中的无言;姿态不得不在语言自身中表达存在,但姿态又永远是迷失在语言中的姿态——它永远是塞口。

其次,他们二人姿态概念的不同在于对时间性的理解。姜宇辉认为,阿甘本关于姿态与时间性关系的论述是对弗卢塞尔姿态概念的有力补充。阿甘本认为,要理解姿态的本性,关键在于中止和悬置的时刻,即它与时间的关系。姿态是两个动作之间的突然停歇,是固定、记忆并展示动作的悬置。这种不动和停滞充满了张力,就像拉奥孔的雕像那样,将这一停滞前后的动作都凝聚在其中。

顺便说一句,从翻译的角度看,将阿甘本所说的"gesture"翻译为"姿势"更准确。"势"是一个引而未发的停滞瞬间,所以具有无限的潜能与可能性。弗卢塞尔所说的"gesture"翻译成"姿态"更合适,因为它更强调身体对存在者内在状态和存在意义的传达。

最后一个不同是,弗卢塞尔的姿态更注重人的存在及意义问题,阿甘本的姿态则具有政治学意义。后者思考的是能否在目的与行动之间找到第三种可能。他在姿态的无目的且不以自身为目的的特征之中,找到了一种解放的潜能。当身体不受制于意义与目的,就可以在姿态中发掘它具备的一切可能性。因此,阿甘本认为伦理和政治可以将姿态作为方法,超越目的与汉娜·阿伦特(Hannah Arendt)意义上的行动,进入姿态的领域。

虽然阿甘本与弗卢塞尔在关于姿态的概念和理解上存在诸多差异,但有两点是相同的。一是他们都强调身体在传播中的重要性,为理解作为媒介的身体和具身传播提供了新的思路。二是他们都从媒介的角度理解姿态:阿甘本把姿态理解为展示可沟通性(媒介性)的纯粹的媒介,弗卢塞尔则把姿态理解为基于情动的对意义与自由的传达。传统观念将媒介简单地理解为信息载体,上述两种不同的姿态概念则向我们展示了对媒介的全新想象。

弗卢塞尔于20世纪末就在西方学术界引起了关注,但中国的传播研究界直至近年才开始系统地阅读和研究弗卢塞尔,特别是山东师范大学的周海宁老师花了很大力气译介弗卢塞尔的成果,还撰写了研究弗卢塞尔的专著《人类传播论:弗卢塞尔的媒介哲学》。这次他又与钱婕老师合作,将弗卢塞尔的重要作品《姿态:一种现象学实践》翻译成中文,相信这本充满原创性和想象力的作品会推进中文世界对弗卢塞尔传播理论及方法论的学习与研究，帮助我们找到阅读弗卢塞尔的正确姿态。

中国人民大学新闻学院　刘海龙
2024 年 9 月

目 录

1. 姿态与情动：姿态现象学实践　　　…001
2. 超越机器：却依然处于姿态现象学之中　　　…012
3. 书写的姿态　　　…024
4. 言说的姿态　　　…032
5. 制作的姿态　　　…039
6. 爱的姿态　　　…058
7. 破坏的姿态　　　…066
8. 绘画的姿态　　　…074
9. 摄影的姿态　　　…085
10. 拍摄电影的姿态　　　…101
11. 翻转面具的姿态　　　…108
12. 种植的姿态　　　…116
13. 剃须的姿态　　　…124

14. 聆听音乐的姿态　　　　　　　　…131

15. 抽烟斗的姿态　　　　　　　　　…140

16. 打电话的姿态　　　　　　　　　…158

17. 录像的姿态　　　　　　　　　　…166

18. 探索的姿态　　　　　　　　　　…172

19. 附录：走向姿态的一般理论　　　…187

译后记　　　　　　　　　　　　　　…205

1. 姿态与情动：姿态现象学实践

无论是出于礼貌还是其他缘由，书写者都要对其所研究的概念作出定义。在本文中，我定义了姿态（Geste），但并没有定义情动（Gestimmtheit）①。对此，我首先敬请读者的谅解。我想假定对"情动"的意义一无所知，然后通过观察姿态，试图发现人们使用这一词语的意图。这是一种现象学的实践，通过对姿态的考察，以意想不到的方式捕捉"情动"的意义。

在这篇文章的开头，我将首先尝试定义"姿态"。我相信很多人都认同，姿态就是身体的运动，并且从更广泛的意义上来说，姿态是附着于身体的工具的运动。也有人认为无法将所有此种运动都视为姿态。例如，瞳孔的收缩或肠蠕动虽然都是身体的运动，却并非"姿态"表达之意。"姿态"指向一种特定的、可被描述为"意图的表达"（Ausdrucksweisen

---

① 本书的英文译本使用"affect"一词。参见 Vilém Flusser, *Gestures*, Minneapolis, MN: University of Minnesota Press, 2014. 英文版由南希·安·罗斯（Nancy Ann Roth）译介，她也是《弗卢塞尔研究》（*Flusser Studies*）期刊的联合编辑。"Gestimmtheit"一般指心情、心理状态、感觉等，即从客观上能够被他人观察到的、显现于外部的心情。从弗卢塞尔的现象学语境中考虑，此处将其译为"情动"。——译者注

einer Intention)的运动。如此就可以得出一个很好的定义："所谓的姿态是表达某种意图的身体运动"，但这个定义并不好用。因为我们需要定义"意图"，但"意图"本身是一个牵涉主体性与自由问题（der Subjektivität und der Freiheit）的不稳定概念，所以我们很容易陷入困境。以方法论的方式定义被称作"姿态"的身体运动方式，将有助于我们避免刚才提到的存在论陷阱。例如，原则上，身体的所有运动都可以通过阐明其原因加以说明。但是，对某些（个别的）运动来说，这样的说明并不尽如人意。在我举起手臂之时，如果有人向我说明这种运动是由身体、生理、心理、社会、经济、文化等因素方面导致的结果，我想我会同意这种说明，但我对此并不满意。这是因为我确信抬起手臂是出于自己的意愿，否则无论是出于何种不容置疑的真实原因，我都不会抬起我的手臂。这就是为什么"抬起手臂"这一行为是一种"姿态"。由此，我提出的定义是："姿态是身体或附着于身体的工具的运动，对这一运动并不存在令人满意的因果关系说明。"同时，这里的"令人满意的"（Zufriedengestelltsein）可以被定义为在话语中达到了一种状态，以致任何进一步的讨论都是多余的。

这一定义表明，关于姿态的话语不能止步于因果关系的说明，因为因果关系无法观照姿态的特殊性。当然，因果（严格来说，是"科学的"）说明对于理解姿态虽必要，却不足以穷尽理解。要理解姿态，理解我们所做的和我们所观察到的特定的身体动作，就必须更为充分地解释姿态。如果一个人用手指着一本书，尽管我们可以知道所有的原因，却仍然不能理解这一姿态。所以，要想理解它，就必须知道它的"意义"（Bedeutung）——这正是我们坚持不懈，且快速、有效地在做的事情。我们"解读"（Lesen，阅读）姿态——从最轻微的面部肌肉运动，到可以被称为"革命"的强烈的集体身体运动。我并不知道我们该如何去做，

1. 姿态与情动：姿态现象学实践

但我知道我们没有解释有关姿态的任何理论。不过，我们不能因不依靠理论、只依赖神秘的"直觉"而感到自豪。在前科学时代，人们看到石头掉落时会通过感应（Stimmung，内心状态）[①]而知道发生了什么；可只有在拥有自由落体理论之后，我们才能透彻地理解这个事情。因此，对我们来说，我们需要能解释姿态的理论。

人文科学（或精神科学）似乎正专注于创造这样的理论。事实果真如此吗？人文学者们受到自然科学的影响，能够提供更好、更完整的因果关系说明。当然，这些说明无法且永远也不会像物理学或化学的说明那样严谨。然而，这并不是研究令人不满的原因。人文科学最令人不满意的地方在于它们对姿态现象的研究路径——人文科学仅将姿态视为一种现象，而非将其视为能够赋予符号化（Kodifiziert）的意义。尽管它们承认姿态的解释属性（曾称其为"精神维度"），但人文科学仍然倾向于将姿态简化为因果关系的说明（曾称其为"自然"）。人文学者们这样做是为了让自己的研究有权被称作"科学"，但恰恰是这一点阻止了相关领域（心理学、社会学、经济学、历史学、语言学）发展出姿态解释理论。

当然，传播学研究作为最新的研究领域，正迅速积累并积极投入对姿态解释理论的开发。相较于其他人文科学的现象学特征而言，传播学研究更具符号学属性。它和其他人文科学关注同样的现象，但更侧重于现象的象征维度。实际上，在传播学的研究话语中，"符号""讯息""记忆""信息"等术语频繁出现，它们都是典型的解释术语。然而，一些重要的事情悄然发生了。这些符号学术语从传播学研究进入那些注重

[①] "感应"（Stimmung）与"情动"（Gestimmtheit）一样，都是动词"stimmen"（调解/使一致）的派生词。它具有广泛的含义，如氛围、感情、感情状态、调解等。——译者注

因果论的学科，它们原本的一些意义就发生了变化。因此，我们拥有了诸如"遗传密码""潜意识信息""地质记忆"等概念。随后，这些概念又回到传播学研究中，但此时它们因承担说明的意义，便不再能服务于解释的需要了①。由此，在追逐"科学化"的潮流中，最初身处符号学研究领域的传播学研究迅速地由解释转轨至说明的道路。

综合以上论述，我将姿态定义为身体或附着于身体的工具的运动，并且我认为对于这种运动不会有令人满意的因果说明。要理解以这种方式定义的姿态，就必须对"意义"进行发掘。事实上，我们一直在挖掘意义，它构成我们日常生活的一个重要方面。但是，受制于解释姿态的理论匮乏，我们只能对姿态世界，即我们周边的符号化世界进行经验性的、出于直觉的解读。这意味着我们的解读没有一个有效的标准。接下来，我们在尝试解读姿态并发现其背后的情动时，都必须牢记这一点。

在这里，针对姿态的定义，我们假设自己正面对一个象征性的动作。如果有人一拳打在我的手臂上，我肯定会做出反应动作。观察者有理由说这种反应"表达"（ausdrücken）了或"表明"（artikulieren）了我所感受到的疼痛。疼痛和动作之间有因果关系，这在生理学上可以说明。观察者将这种动作视为我所遭受之疼痛的征候是合理的，但这样的动作并非我上文所定义的"姿态"，因为观察者作出了令人满意的说明。当有人捶打我时，我也可能以特定方式抬起手臂。观察者同样可

---

① "说明现象"指客观呈现事实；"解释现象"指人们为客观事实赋予意义，以促进理解。基于此，人类传播在意义赋予方面与解释学一脉相承，即基于"自然需要说明，人类需要理解"的立场，以理解为目的，核心是为客观事物赋予意义，也就是说只有通过人的参与和解释（理解）的过程才能获得这些意义。参见［巴西］威廉·弗卢塞尔：《传播学：历史、理论与哲学》，［德］斯特凡·博尔曼编，周海宁译，复旦大学出版社2022年版，第3页。——译者注

以说我手臂的运动"表达"或"表明"了我所感受到的疼痛。但这一次，在因与果、疼痛和运动之间的关联是有缝隙的。一套编码系统如楔子般介入了这种关联。它是赋予手臂动作某种特定结构的符号化（Kodifizierung）。对于知晓这一符号的人来说，它就能正确地传达疼痛的"意义"——这一动作"表达"了我感受到的疼痛。我的动作呈现了疼痛。这个动作是疼痛的象征，疼痛则是行动的意义。这种动作（运动）才是我先前展示的定义规定下的"姿态"，因为观察者没有任何理论可以对这个动作进行令人满意的说明。当然，人们会说一个动作总是其他事物（如被这一运动符号化的文化）的征候，但我们称这种动作为姿态的理由并非如此。姿态之所以成为姿态，是因为其再现了某些东西，同时它也与意义相关。

　　读者会注意到我在上述段落中区分了"表达"和"表明"这两个动词，它们各自被用于表达不同的意义①。我手臂的反应式（reaktiv）动作宣告了疼痛。从这个意义上说，疼痛通过动作被表达出来。在我手臂积极的（aktiv）动作中，我再现（darstellen）了疼痛。从这个意义上说，我通过自己的姿态进行了某种表达。同时，我们不妨来确认，当我们在这句话中说明第二个动作（表明）时，是多么直接而强制地使用了"我"这一词语，以及当说明第一个动作（表达）时，又是多么地排斥"我"这一词语。但是，我们不要对语言的这种理想主义倾向印象过深。从现在开始，我将把"表达"和"表明"这两个词的使用限制在第二种意义上，并提出姿态要表达和表明的是它们象征性再现（Darstellung）的东西。接下来，我将尝试证明"情动"是"内心状态通过姿态的象征性再现"这一

---

① 一般来说，动词"ausdrücken"和"artikulieren"都可以被翻译为"表现"，但它们具有不同的词源与意义。"ausdrücken"是"向外推……"，其意义为"表达"；"artikulieren"是"正确地表现"，具有"表明"的意义。此处对它们进行了区分。——译者注

论点。简而言之,我将试图厘清内心状态(无论这个短语是什么意思)是可以通过大量的身体动作显现出来的,但它们是通过一种被称为"情动"的姿态游戏(这正是它们的再现方式)来表达和表明的。

毋庸置疑,我要坚持我的见解并非易事。具体而言,原因有二。其一,在具体现象中很难区分姿态与反应和再现与表现(Äußerung)①。比如,当我看到他人眼中的泪水,我可以用什么标准来证明这是一种内心状态的再现(符号化象征),而不是其他的表现?在第一种情况下,被观察的人是正在(主动)表现(agieren)某种内心状态的行动者。在第二种情况下,这个人是(被动)反应(reagieren)某种内心状态的经受者。但是,这个人能够同时处于以上两种状况,也可能是处于其中一种,而我可能误认为另一种。其二,困难来自"内心状态"这个词的模糊性。它包含一个从感官知觉到情绪、从感受到理念的广泛且难以被界定的领域。如果我想继续将情动视作通过姿态表达内心状态的方式,我必须首先知道"内心状态"的含义。但是,我若不施以"暴力",我就无法了解这个概念。这就演变成一个循环逻辑:我必须解释姿态,以弄清"内心状态"的意义。

尽管如此,困难并不像最初看起来那么大。当我观察一个人并看到某种姿态时,对我来说,事实上有一套标准可以区分反应和姿态——内心状态的表现和它的符号化再现。这个标准就是我在他人身上辨认出我自己,或者说我通过内省知道自己什么时候会被动地表达一种内心状态,什么时候会主动地再现它。当然,我可能在辨认中犯错,或在内省时欺骗自己,但这一标准仍是可用的。至于"内心状态"这个词,我

---

① "再现"往往着重反映客观特征,即基于模仿的现实再现;"表现"往往着重反映主观特征,即基于抒情的主观表现。它们是艺术理论常用的两个术语。参见顾明栋:《镜中灯——论中西艺术表征的摹仿再现与抒情表现》,《学术月刊》2023年第4期。——译者注

不知道它的意思,但我知道它并不指向"理性",因为我很清楚什么是"理性"。有这种否定性认识就足够了,所以我可以继续对情动——将内心状态转化为姿态——的观察。

现在有两个焦点使这些观察呈现为一种椭圆形的轨迹,即"符号化再现"(Symbolische Darstellung)和"非理性之物"(etwas anderes als Vernunft)。由此可见,当我尝试将某种特定的姿态解释为非理性之物时,我就与情动相遇了。但这句话不恰说明在这种观察方式下,"艺术"和"情动"交叉融合出了艺术体验吗?当我观看一件艺术品时,难道我没有把它理解为一种由非理性之物的符号性再现所凝结的姿态吗?难道所谓的艺术家,不就是无法表明理性(科学、哲学等),或无法以相同的方式表明或表达某种再现之物的人吗?现在,毋庸置疑的是,无论我是以近乎浪漫的方式同意艺术与情动的融合,还是以近乎古典的方式否认这一点,情动都不是一个伦理问题,更不是一个认识论问题,而是一个美学问题。

问题不在于内心状态的再现是否虚假,更不在于一种被再现的心理状态有多大可能为真。相反,问题关乎观察者是否被感动。如果我承认情动是一种由心理状态到姿态的转译,那么我的关注点就不再是心理状态,而是姿态的效果。当它们呈现在征候中时,就像我通过内省体验它们时一样,内心状态便会抛出伦理和认识论问题。相反,情动会抛出形式性的、美学的问题。情动将内心状态从它们的原始语境中释放出来,并允许其变为形式上的(美学的),即以姿态的形式出现。在情动中,内心状态成为"人为的"(Künstlich)。

至此,读者有理由批评我大费周章却结论平平。在文章开头,我佯装对"情动"的意义一无所知,所以对"情动"意味着内心状态避而不谈。其实,说出来反倒能为我和读者避免不必要的麻烦,但读者的这种异议是一种误解。接受"情动是人为的内心状态"这一令人生疑的老生常谈是一回事,通过对姿态意义的考察得出这一结论又是另一回事。区别在于,我们该使用"人为的",或者更准确地说,用"人工的"(artifiziell)去表述它。如果我只是直截了当地说情动是人工的(而没有经过深入的考察),我就有可能忽视情动(就其所再现的内心状态而言)实际上是人类尝试赋予其生活和所生活的世界以意义的一个方法。

如果有人捶打我的手臂,而我的反应是移开手臂,那么这(假设至少这一击打动作本身不是赋予这一过程意义的某人的姿态)就是一个荒谬且无意义的过程。但是,如果有人打了我一拳,而我用一个符号化的约定俗成的姿态抬起我的胳膊,这一过程就有了意义。借助我的姿态,我将疼痛从荒谬、无意义和"自然"的语境中释放出来,并通过将其植入文化语境,赋予其象征意义。如此一来,这一疼痛就是人为的(artfizialisiert)。在这个例子中,疼痛是真实的,尽管"抬起胳膊"的姿态可能夸大了疼痛。但这并不重要,重要的是对疼痛的表明,即以符号化方式向他人进行的象征性表达。正是这种疼痛的象征性维度,而非其"实际的"存在或不存在,使姿态象征了内心状态。费尔南多·佩索阿[①]坚持认为,象征性地再现真实的痛苦比再现想象中的痛苦更困难,它对诗人提出了更大的挑战:诗人是一个完美的伪装者,他甚至可以在真正感受到的痛苦上进行自我欺骗。一个精于伪装的人,他伪装得如此完美,以至于他甚至伪装出自己真实感受到的痛苦(O poeta e fingidor qu fing tao perfeitamente que fing até a dor que deveras

---

[①] 费尔南多·佩索阿(Fernando Pessoa, 1888—1935),葡萄牙诗人、作家,葡萄牙后期象征主义的代表人物,被誉为"杰出的经典作家",代表作有《使命》等。同时,他一生使用70多个笔名写作,其中最重要的三个笔名是阿尔贝托·卡埃罗、阿尔瓦罗·德·坎波斯和里卡多·雷耶斯。——译者注

sente)。正是情动的这种欺瞒的、再现的、象征性的特征，正是这种"人为"赋予（无论是实际的还是想象的）内心状态以意义，它们据此也为生命赋予了意义。有人可能更喜欢这样的表述，即情动通过将内心状态形式化为象征的姿态，从而将内心状态"精神化"（vergeistigen）了。在这个意义上，内心状态成为人为的。

  再现内心状态的"人为性"首先是一个美学问题。富含情感的姿态赋予了世界与生活以意义。如果我们要评判情动，就必须使用美学标准，而且我们用来评价的价值尺度不能在真实和谬误或真实与虚假之间摇摆，而必须在真实与刻奇①之间游走。我认为这种区分至关重要。当我看到一个强调感情的姿态，比如一部烂片中演技极差的演员试图以某种姿态表达父爱，我可能觉得他演得"很假"，但说他的表演是一种"错误"或"谎言"并不恰当。从"品味不高"的意义上说，它是"假"的，而且即使演员确实是一位慈爱的父亲，这一姿态也仍然是没有真实感的。我之所以认为这种区分很重要，是因为"真实"这个词义的模糊性。在认识论中，真实意味着与现实一致；在伦理学和政治学中，它指的是一种内在的一致性（忠诚）；在艺术中，它成为在手质料（gehandhabten Material）的"真实"。显然，一个词语具有这三种含义并非偶然，它们与所谓的"真诚"（Redlichkeit）有关。但是，就像演技不佳的演员的姿态一样，表示情动的姿态完全有可能在认识论和道德上是真诚的，在美学上却是不真诚的。一个情感强烈的姿态也完全有可能在认识论和道德

---

① "Kitsch"是一个德语词汇，原意指那些矫情、肤浅、不符合艺术美学的通俗文化产品。法国哲学家亚伯拉罕·莫尔斯（Abraham Moles）以刻奇性事物和由此产生的态度为理由，表示"西方资本主义市民社会与物质上富饶的过程有很深的关系"。他著有《刻奇心理学》（*Psychology of Kitsch*, 1971），并认为刻奇起源于19世纪工业革命后新制造、商业文化的出现过程，恋物主义、唯美主义和消费主义这三个因素促成了刻奇的传播。——译者注

上不真诚,在美学上却是真诚的,就像文艺复兴时期的雕刻艺术所制造的姿态,它是对古希腊雕塑姿态的共情。在这一情况下,我们就必须评判那种(文艺复兴的雕塑艺术)姿态为"真实"。在情动的天平上,米开朗琪罗必须位于"真实"附近,而好莱坞大片中的演员则靠近刻奇的边界,这与他们所表达的内心状态(情绪)是否真实或他们是否相信无关。

我们最好记住的是,在缺乏姿态解释理论的情况下,任何判断都仍然是经验性的和"直观的"。没有这样一种理论,就不会存在能够经受住统计检验的客观的甚至是主体间性的艺术批评。而在这种理论出现之前,"关于品味,无可争辩"(de gustibus non est disputandum①)将仍然有效。因此,有些作品对一名观察者来说是刻奇,而对另一名观察者来说就可能是真实的情动。如果有人试图绕过解释理论,认为越能打动观察者的作品就越真实,那么我们就不得不承认帕瓦罗蒂的情动比拜伦的情动更真实。然而,普遍存在的直觉是,在情动尺度上,帕瓦罗蒂比拜伦更接近刻奇。信息论(向姿态解释理论迈出的小心的一步)证实了这种直觉的有效性。

我们不必依赖信息论的数学细节来理解这个问题(在我看来,发展这一理论的大部分努力都耗费在了"走向科学"上)。该理论认为,一个姿态包含的信息越多,它就越远离刻奇。此外,姿态传达的信息量与姿态的符号有关。这个观点极为重要。一个姿态包含的信息越多,接收者显然就越难读懂它。同时,信息越多,传播越慢。因此,一个姿态提供的信息越少(它的传播效果越好)、留白越多,也就越令人愉悦和"漂亮",因为人们不费吹灰之力就能明白它。因此,信息论或多或少为我

---

① 这是一句古老的拉丁格言,意思是个人的品味和偏好因人而异,具有主观性,不存在某种客观标准。——译者注

们提供了一个客观的衡量标准,让我们知道电视剧中充满情感的姿态何以深深打动"大众"。然而,需要注意的是,信息论对于刻奇的评价效果优于对真实情动的评价效果。它可以衡量刻奇作品的通俗性,但面对真正艺术的原创性,它似乎与我们的"直觉"一样,是具有经验性的。由此,信息论在任何意义上都无法取代艺术批评的直觉,更无法削弱我们对解释理论的需求。

然而,在"空"(Leeren)与"满"(Vollen)这一点上,这一理论可以帮助我们。我一直认为,情动是一种通过符号赋予内心状态以意义的方法。信息论申明的是(它迈出的这一步确实通往解释理论),表达内心状态的符号可以或多或少是空的,情动的尺度则游移在满与空,无尽的意义与空洞的姿态之间。天平的一端是高贵而罕见的姿态,其意义历经千年仍未穷尽;另一端则是我们所做的和在我们周围能看到的无数空洞姿态,它们将耗尽被高贵的姿态赋予的"根本的"意义。打个比方,友谊的内心状态是通过卡斯托尔与波吕克斯的姿态①和握手的象征性再现得到表达的,即一方是满的"存在"(Sein),另一方几乎是所有意义的虚空。我相信,通过这种类似的方式,情动批评(甚至是艺术批评)可以变得不那么主观,有朝一日——当然要付出巨大的努力——人们不仅可以解释刻奇,还可以解释那些苦难与行动彰显意义的伟大时刻。

---

① 在古希腊神话中,卡斯托尔和波吕克斯为相亲相爱的两兄弟。前者生命有尽,后者享寿不朽。卡斯托尔死后,波吕克斯乞求其父宙斯,希望能让卡斯托尔复活,甚至以放弃自己的不朽为代价。宙斯大为感动,遂安排兄弟二人轮流在地上与冥间生活,每日一轮换。如此,兄弟两人平分了不朽与死亡。——译者注

2. 超越机器：却依然处于姿态现象学之中

劳动以"世界并非理应如何"及"世界是可以改变的"为前提。这种假定会引发很多问题。存在论关注世界是怎样的，义务论关注世界应该是怎样的，方法论则关注改变世界的方法。这些问题其实相互交织：如果不知道世界的实然状态，我们就不可能知道世界不处于其应然的状态；如果不知道世界的应然状态，我们也不会知道世界的实然状态；如果不知道世界是可变的，我们就无法知道世界不处于它的应然状态；如果不知道世界的状态如何，我们就不会知道世界是可变的。因此，没有义务论和方法论，就没有存在论；没有存在论和方法论，就没有义务论；没有存在论和义务论，就没有方法论。

从人类开始劳动的那一刻，这三个方面就是不可分割的。虽然魔术（魔法）的存在论、伦理和技术层面对我们来说是不言自明的，对魔术师（魔法师）本人来说却无法区分。三者分立的确切时刻恰是严格意义上的历史（Geschichte）出现之时。历史可以被理解为这三者的渐次展开。在第一阶段（古代和中世纪），历史强调世界应该是怎样的（Sein-Sollen）。人们劳动是为了实现某种价值，如伦理的、政治的、宗教的、实用的,简而言之都是"虔诚的信仰"。在第二阶段(现代①),历史强调探究世界是怎样的,即人们基于认识论、科学、实验和理论开展劳动。这个阶段的人们劳动而"无需信仰"。在第三阶段(当代),历史强调方法。人们基于技术、功能、效率、战略和控制论开展劳动,其底色是"疑虑重重"和"绝望的"。第一阶段主要指向目的问题(为了什么?),第二阶段主要指向有关原因的问题(为什么?),第三阶段主要指向形式的问题(怎么做?)。因此,历史为我们提供了三种劳动模式:古典式(献身性的,engagiert)劳动、现代式(研究性的)劳动和当代式(功能性的)劳动。

大多数人并不劳动。他们只是充当他人劳动的工具。在异化的关系中,他们无意知道世界是怎样的,或应该是怎样的,他们甚至从没有过改变世界的想法。他们只是被动地参与历史,忍受历史。就少数劳动者而言,他们随时随地都在从事献身性、研究性和功能性劳动,因为这三种劳动时刻是相互交织的。这里提出的三个历史阶段只是纲要性的,三种劳动模式也永远不会以纯粹的形式实现,但它们有自己的作用,即既是有用的分析框架(zweckdienliches Schema),也是恰当的模型(Modelle),因为它们开辟了一个所谓"价值危机"(Krise der Werte)的视角。

在分析这一视角之前,我们需要先排除一个常识性的偏见,即人们劳动是为了"满足需要"。假设如此,我们就变成了"动物",需要某些东西以维持生存。这些东西可以被量化,如以卡路里为单位计算热量。如果劳动是一种为满足需求而努力的倾向,那就为劳动设定了目标:一

---

① 德语中的现代指"新时代"(Neuzeit),以区别古希腊和中世纪,特指 16 世纪文艺复兴后的历史时期。这一时期所说的理论并非对理念(Idea)的被动观照,而是通过观察和实验阐述实践中的模型。这也正是"新时代"被称为"现代"的原因。——译者注

个人的劳动是为了满足需求,之后就无需劳动。但事实并非如此:动物即使不劳动,也能在不改变世界的情况下满足自己的需求;瑞士人的劳动量远远超出了满足所有生理需求的限度,他们却从不计较超出的部分。因此,劳动是一种姿态,是通过违背自然法则,试图实现价值和反抗现实的努力的表现。

由此,这三种劳动模式开辟了如下视角:在前历史时代(魔法式劳动时代),价值观是毋庸置疑的;在古典和中世纪时代(献身式劳动时代),人们必须在不同的价值观之间作出判断;在现代(研究式劳动时代),价值观选择不再是一个强制性议题;在当代(功能式劳动时代),价值观问题变得毫无意义。这就是下文要分析的框架。

在前历史时期,价值是不容置疑且固定不变的,因为它是一种衡量标准。一个人只有独立于被衡量的事物,才有能力质疑标准。在魔法的世界中,人类沉浸于其中,无法对"世界应该怎样"作出价值评估。整个世界被"必须要做的事情"(Müssen)充满(被神充满),人们的生活也处处受到禁忌和打破禁忌的"律法"的约束,或者说受到义务性规则的制约。因此,他们无法提出"我应该做什么"这样的价值问题。唯一出现且强有力的自我叩问是:"如果不做我应该做的事情,我会怎么样?"价值观是不容置疑地被"给定"的,因为人与价值观之间没有距离。义务的规则不在人们之前、之内和之上,相反,人位于义务性之内。

当人类被"驱逐"出他应尽的诸般义务(当为之事),"我应该做什么"的问题才第一次出现在面前。至此,这才成为一个历史问题。人类的历史性存在就是问题性的,因为它有责任追问义务,提出有关价值的问题。历史性存在有义务订立法规、命令和法律体系,有义务进行宗教上和政治上的生活。总之,历史性存在是"被迫劳动",并且劳动是为了行"善"。

人们可能会被这样的想法诱导，即认为对价值的评价（实践理性）和对本质（Sosein①）的评价（纯粹理性）是具有相关性的。事实上，从历史的初期阶段开始，在巴比伦人或埃及人的劳动中已经可以分辨出理论元素，不过只有狭义的理论概念才能支持希腊人发明有关理论的说法。然而，现代意义上的理论，即那种有意识地拒绝价值评价，将自己局限于本质评价的姿态，最早出现于15世纪的意大利。这种姿态将认识论从宗教的钳制中解放出来，并将实践劳动与理论劳动分开。它给"善"打上引号，与"真"区隔开来。这就是将历史一分为二的现代西方理论。

通过这种姿态，我们的世界被分为两个领域：价值领域（社会）和既定领域（Gegebenheit，给予的领域，自然）。前者的问题是"为了什么"，后者的问题是"为什么"。与之相应，世界出现两种文化：一种为科学文化，另一种为人文主义文化。现代史的开端始于"应然"与"实然"（存在）的分离和政治与科学的分离，其特点为科学挺进政治领域，以及给定的领域对价值领域的侵犯。在现代社会，"我该做什么"这个问题以政治和宗教战争或意识形态论争的形式持续存在。但是，在社会学、心理学、经济学和政治学理论中，"我为什么要做我在做的事情"这个问题在第一个领域越来越清晰。随着现代性的发展，"存在什么价值"这一问题越难以回答，"什么是价值"的问题就越多地涌现。定言命令（Imperativ②）变形为一种功能，即"你不可偷盗！"变

---

① 在海德格尔的《存在与时间》中，"Sosein"是事物的特定性质和属性，是存在者所经验的事物的具体样子，即"如此这般的是"。——译者注
② 又译为"绝对命令"，参见康德的《实践理性批判》。康德的"绝对命令"指表达普遍道德规律和最高行为原则的术语。"命令"即支配行为的理性观念，其表述形式有假言（hypothetischer Imperativ）和定言（kategorischer Imperativ）两种。假言命令是（转下页）

成了"如果你偷盗,你就会坐牢"。

自我观察的方法论上的"精神分裂",即一半的意识吞噬了另一半,理论劳动与实践劳动相悖,导致了19世纪以后劳动的技术化。当政治与科学分道扬镳,技术便占据了上风;当劳动的存在论与义务论分道扬镳,方法论便取得了胜利。"为了什么"和"为什么"的问题被简化为对"怎么做"的探寻。尽管方法论的胜利自动释放了"解毒剂"——工业革命、小市民劳动伦理、法西斯主义对行动的美化和马克思主义的劳动哲学,但这一过程的结果依旧不可预见,因为我们直到现在才清楚,方法的胜利是不可避免的。

也就是说,我们至此才开始看到"善"和"真"被"效率"取代的后果。它体现在一些极端残暴的例子中,如奥斯威辛集中营①、原子武器和各种技术官僚体制②,更首先体现在那些精微的思想形式中,如结构分析、控制论、博弈论和生态学等。我们越来越清楚地看到,只要关注的焦点是方法,而不是政治或科学,任何有关价值或"事物本身"(Sache selbst)的问题都会变成贬义的"形而上学"。伦理学和存在论都成了无谓的话语,因为它们提出的问题无法提供获知答案的任何方法。如果没有方法,问题也就毫无意义了。

(接上页)有条件的,它认为善行是达到偏好和利益的手段;定言命令则把善行本身视作目的和应该做的,它出自先验的纯粹理性,只体现为善良的意志,与任何利益无关,所以它是无条件的、绝对的。——译者注
① 奥斯威辛集中营(Auschwitz Concentration Camp)位于波兰,具体位置在奥斯威辛镇的附近,因此得名。它是纳粹德国在第二次世界大战期间设立的一个集中营和灭绝营系统,是纳粹德国大规模屠杀犹太人、罗姆人(吉卜赛人)、政治犯、残疾人、天主教神父和其他被视为"不纯"或"不适"的群体的地方之一。——译者注
② 技术官僚体制强调的是效率、专业知识和管理能力,而不是政治意识形态。在这种体制中,政府的关键职位由技术专家和行政官员担任,他们凭借专业知识和行政能力来治理国家。——译者注

2. 超越机器：却依然处于姿态现象学之中

因此，严格来讲，劳动已变得不可能了，因为如果"为了什么"毫无意义，那么劳动的姿态也就变得荒谬不堪。事实上，古典和现代意义上的劳动正在被功能(Funktionieren)取代。人们劳动不再是为了实现某种价值或反抗某种现实，人们只是作为承担某种功能的功能（执行）者(Funktionär)去劳动。如果不观察机器，我们就无法理解这种荒谬的姿态，因为实际上我们是作为某种机器的功能而发挥作用的。这种机器是作为某种功能者的功能而发挥作用的，这一功能者又是作为某种装置①(Apparat)的功能而发挥作用。与此同时，装置则是作为自己的功能发挥作用。

机器被制造出来是为了战胜世界对劳动的反抗。由于机器从事劳动，所以它们是"善"②(gut)的。旧石器时代的箭可以用来杀死驯鹿，新石器时代的犁可以用来耕种土地，古典时期的风车可以把谷物磨成面粉，因为驯鹿必须被杀死，土地必须被耕种，谷物必须被磨成面粉。这一切都没有问题：制造机器是为了解决问题，而不是制造其他问题。

然而，机器在现代成了有问题的。之所以如此说，是因为机器走向了自己当为的反面。由此，机器得到了关注（通过定义的方式可知，一个令人感兴趣的机器不是"善"的，因为根据定义，人们对机器的关注——并非机器本身——在于通过操作机器而指向"善"的事情）。实际上，机器成为问题是出于两种原因。其一是人们对因果关系问题的突然关注，也就是与研究有关。现代意义上的理论劳动（评价存在的姿

---

① 根据弗卢塞尔的理论，工业社会中的工具和机器完成了劳动，将对象从自然中剥离，并赋予其信息；装置则不同，它们并不改变世界，而是改变世界的意义，如照相机等的发明。——译者注

② 此处可参照《理想国》对"善"的定义，即"物尽其用则为善"。——译者注

态)导致了诸如望远镜(所谓的观测机器)之类的机器的产生,然而,这些机器是有问题的,因为望远镜等固然是"善"的(如人们能借助它们看到月球上的山),可这与"善"原来的意义产生了偏差,即不能认为月球上的山需要被看到与谷物需要被磨成面粉处于同一个维度。其二是机器本身成为研究对象,人们开始关注"机器为什么能发挥功能",而不仅是"什么是机器的'善'"。人们对机器的这种态度转向产生了双重结果:一方面,机器被视为可作为世界模型的系统;另一方面,机器的理论构造原理被揭示出来。第一种结果,即以多元机械论视角审视宇宙,让我们很难对世界-机器提出"机器的'善'是什么"(它有什么用)的问题,从而使机器本身成为问题;第二个结果是机器与理论的关系使其变得越来越引人关注(使人们对它感兴趣),从而使机器本身在新技术的发明与工业革命的背景下成为问题。简而言之,机器在现代性中之所以成为问题,是因为它们提出了价值问题,而非实现了价值。

考虑到现代性的特征,即科学与政治的分离,由机器带来的问题呈现出两面性。科学关注的问题是如何通过发现劳动的冲动(Motiv)使劳动合法化,以及如何创造出能够从事任何劳动的机器。政治关注的问题则是"谁应该拥有机器"。这两个方面说明了现代性所特有的乐观主义——虽然从我们的角度来看,这种乐观主义非常奇怪。这是一个"相信进步"的时代,人类相信自己终将制造出能在所有领域代替人类劳动的机器,从而使人类获得"自由"。机器将成为未来的奴隶,而人类将从异化劳动中被解放出来,成为历史的主体。机器将成为全人类的财产,人与人终将平等。"阶级"——以占有或不占有机器作为区分——将会消亡,届时会出现一个无阶级的社会。我们说这种乐观主义(观点)很奇怪,是因为对于那些生活在20世纪末自动化时代的人来说,自18世纪末工业革命以来,现代机器提出的价值问题已然排除了

2. 超越机器：却依然处于姿态现象学之中

任何乐观主义的解释。

最迟至工业革命时期，人们已经认识到"从劳动中解放出来"的计划必须面对"为了什么"的问题，而"谁应该拥有机器"的问题又关联着"要做什么"的疑问。这两个问题都不是好问题。事实上，大量机器在工业革命期间涌现，复杂的开关机制使它们同步运转，从而将它们变成"装置"，而装置的出现很快让人们意识到必须重新对机器进行思考。19世纪和20世纪上半叶的人们是乐观的，因为人们尚未从装置概念的角度对机器进行重新思考，那个时代的唯一例外是通过传送带和劳动合理化实现完全自动化的技术。

在前工业化时代，机器（工具）处于人与他们赖以生存的世界之间。从法学和逻辑学的意义上讲，机器（工具）是人的附属物（Attribut）。人在劳动时可以更换机器（工具），也就是说，在前工业化时代，人是常量，机器（工具）是变量。在工业时代，人类在劳动时是处于机器之内的，而他劳动的世界在其视线之外（形而上学）。从逻辑意义上讲，此时人是机器的附属物，因为在劳动的过程中，人可以被更换，哪怕机器在法律意义上仍然是人的财产。由此，在人机关系中，机器是常量，人是变量。这本身就使"财产"的概念问题化了：资本家和无产者都成了机器的财产，只是方式不同而已。因此，解放应该是指从机器中被解放出来，而不是借助机器得到解放。同时，"谁应该拥有机器"这个问题也就意味着"有没有任何人或物可以超越机器"。在工业革命之后，人们本应立即明白这一点。

当然，这种对装置的"卡夫卡式"理解[①]如今已显而易见，现代和进

[①] 弗朗茨·卡夫卡（Franz Kafka，1883—1924），奥地利作家，出生于布拉格的一个中产阶级家庭，父亲是一名成功的商人。其作品虽然在他生前未能广为人知，但在他死后（转下页）

步的乐观主义（无论是以自由主义还是社会主义的形式）的持续存在已然变得黯淡，因为工业时代的人机关系在存在论上发生了转向：无论在行动（劳动）还是闲暇（消费）时，我们就是作为装置的功能而存在的。我们从痛苦的经验中得知，机器法律地位的改变并不会改变其存在论地位（对人类而言，无论是国家或政党，还是法律上的"私人"工业装置等，都具有同样的地位）。我们还知道，从机器的劳动中解放出来并不意味着成为历史的主体，而只意味着起到消费者的作用——这也是装置的一种功能。但这还不是全部，我们还得到了关于装置的其他更令人不安的教训。

我们已经知道，生活中不能没有装置，我们也不能生活于装置之外。装置不仅为我们提供身体和"精神"上的生存手段，事实上我们也会迷失于没有装置的世界，因为我们已经忘记了没有装置该如何生活。装置已经成为我们生活的唯一理由和唯一意义。装置之外再无他物，任何超越装置的存在论或伦理学推测，任何对装置功能和运行的怀疑，都已成为"形而上学"，并失去了意义（这正是我之前谈到"绝望"时的意思）。

对装置的依赖使我们无法提出与之有关的目的或因果关系的问题。此处仅举两个非常典型的例子，如"法国是为何而存在的"或"为什

（接上页）却产生了巨大的影响，他也因此被誉为 20 世纪最伟大的作家之一。卡夫卡的作品围绕着技术与人的关系展开。总体来说，他对技术的理解是批判性的，认为技术的发展不仅改变了人类的生活和工作方式，还对人类的精神和社会结构产生了深远的影响，他关注技术如何使人与人的关系变得疏远，人如何转化为机器或商品的一部分。这种异化现象导致了人的自我认同和人类社会的根本变革。在《城堡》等作品中，卡夫卡揭示了官僚体制与技术发展的结合是如何形成一种难以逾越的权力结构，使个人在这种体制下感到无力和绝望。在《变形记》中，主人公格里高尔·萨姆沙变成了一只昆虫，这正象征了技术对人的异化作用。——译者注

么要工业化"等问题在理论上是可能的,但在现实中是错误的,因为它们假定了对装置的超越,而人类并不具有超越性。我们被功能性的问题限制,对我们来说,"生活"就是在一个装置中发挥作用,并作为装置的功能而存在。因此,"把我们自己从装置中解放出来"是毫无意义的。用一个论点来表述就是,装置可以做一切事情;人类在没有装置的情况下做的一切事,装置都能做得更好。持进步论观点的乐观主义者描绘了这样一幅图景:作为奴隶的机器解放了人类,让人类取得创造性成就的自由。只是,由于有了控制装置,"创造"成了一个可以用信息论量化的概念。只要机器能被人类或其他机器恰当地程序化,它就能显示出远超人类的创造潜力。

如果"从机器中解放"是指在机器之外的空间有所作为,那么我们就会面临"不充分"(Unzulänglichkeit)的挑战;如果"从机器中解放"指不再做任何事情,那么我们就会受到消费的挑战,而消费就包含在装置的程序中——这种解释与"被机器解放"同义。简而言之,除了操作机器,我们无事可做,因为古典意义和现代意义上的劳动已经变成无稽之谈。在装置占主导地位的地方,功能之外再无一物。

我们发挥功能的方式多种多样:若出于奉献的热忱,一个人就会爱上他为之发挥作用的装置(这就是优秀的功能执行者);若在绝望中,一个人会在机器中原地打转,直至退出(这就是大众文化中的大众);若有了方法,一个人就会继续在这个装置中发挥作用,即使这些功能会因为内部的反馈及与其他装置的统合而发生变化(这就是技术官僚);若以抗议的态度,即厌恶并试图摧毁装置,这一试图就会被装置纠正,并恢复其原有的功能(这就是恐怖分子)。在希望中,人们试图逐渐瓦解这个装置,使其具有渗透性,也就是说人们试图减少功能运作的总量,以提高"生活水平",但这将自动成为该装置的新功能(这是环保主义者、嬉皮士等）。还有更多的功能发挥方式，但谁也无法回避这样一个事实：无论如何，劳动（Arbeit）的姿态都将变得荒诞可笑，因为价值问题失去了意义。

本文一开始就声称，没有存在论和义务论，就不可能有方法论。也就是说，没有科学和政治，就没有技术（从广义上来看，也没有艺术）。但是，人类（特别是西方）的历史首先将劳动的三个方面分开，然后在科学和政治之间建立了分界。其结果是，技术嵌入了科学和政治，方法论吞噬了存在和义务。在功能取得胜利之后，世界上所有怀旧的反对意见都不足以挽回"现实"和"价值"。关系、领域、生态系统、格式塔和结构正在取代对象、过程、辩证法和计划，而且一劳永逸。"真"的概念和"善"的概念最终被装进了"无意义"的黑箱。认识论和伦理思想被控制论、战略思想和程序分析彻底取代。历史终结了。

因为当方法渗透到存在和义务之中，当技术渗透到科学和政治之中，荒诞就会乘虚而入。为方法而方法，作为目的本身的技术，以及"为艺术而艺术"①，即作为某种功能的功能而发挥作用，这就是无劳动的后历史（nachgeschitlich）生活图景。之所以说它是后历史生活，是因为历史是人们改变世界的过程。在这一过程中，世界呈现出它应有的面貌。当劳动停止时，历史也就终结了，此时追问世界"应当如何"也就不再具有意义。当装置自为发展（自己作出决断）时，同样意味着劳动的终结。劳动的终结不是因为装置在"替我们劳动"，而是因为装置改变了世界的意义，并且装置在那个世界里实现了自我决定，无须人类置喙。装置

---

① "为艺术而艺术"（l'art pour l'art）作为法国19世纪下半叶的口号，表达了"真正的艺术"应该完全独立。不过，尼采认为不存在"为艺术而艺术"，艺术总归是要表达人类价值观。本雅明在发表于1936年的文章《机械复制时代的艺术作品》中认为，"为艺术而艺术"是一种"艺术神学"，它将社会排除在艺术之外。——译者注

是历史的终结，是所有乌托邦都已预见的终结。它是没有劳动的存在，是向"为艺术而艺术"绽出的存在，它是消费的、观照式的存在。时间充满了生活，我们身处其中，或大致如此。不过，我们不认为自己的处境是乌托邦，因为尽管我们已经超越了机器，但我们仍然无法想象没有劳动和没有意义的生活。机器之外，我们的处境难以想象。

3. 书写的姿态

书写是将某种物质置于某种表面之上(如用粉笔在黑板上书写),以建构形式(如字母)。因此,书写似乎是一种建构的(konstruktive)姿态。所谓建构,是将不同的结构(如粉笔和黑板)连接起来,以形成新的结构(字母)。但这是一种错误的认识。书写并不意味着把物质材料置于表面,而是用它刮划表面。希腊语中的动词"graphein"(书写)就证明了这一点。在这种情况下,表象与实像是不同的。几千年前,人们开始用尖头的木棍在美索不达米亚的泥板表面刻画。根据传统,这就是文字的起源。书写的核心在于穿透,即穿透表面的按压。直到现在也是如此,书写依然意味着铭刻(In-skription)。我们关注的不是一种建构的姿态,而是一种穿透性的、按压的姿态。

我们没有意识到这一点,因为对我们来说,这种姿态被相当致密的一层习惯覆盖了。书写不只是人们习以为常的一种姿态,它几乎是一种与生俱来的能力。在我们的大脑中,有负责调节书写的中枢神经,就像控制呼吸的中枢神经一样。只不过与鸟类将筑巢编入了基因不同,我们的基因程序中并不包含书写这一项。因此,对于书写,我们关注的是一种姿态。证据如下:与不会筑巢的鸟类不同,目不识丁的人并不是

3. 书写的姿态

怪物；事实上，他们是人类中的大多数。基因（遗传程序）和文化程序之间难以区别，因为人类栖居在文化中的方式与动物在自然中的方式相似。尽管如此，我们还是必须这样做，即必须将姿态与受自然制约的动作区分开来，因为问题的关键在于自由。

为了能够书写，我们需要以下东西：表面（一张纸）、工具（一支钢笔）、要素（字母）、惯例（字母的含义）、规则（正字法）、一个系统（语法）、一个表示语言系统的系统（语言的语义学知识）、要书写的信息（想法）和书写行为。导致这种复杂性的原因并非基本元素的数量，而是其异质性。例如，钢笔所处的现实维度与语法、思想或写作动机并不相同。

书写的姿态遵循特定的线性属性：西方的书写程序是从一个表面的左上角开始，写到右上角；然后再回到左侧，在刚刚写完的那一行下面继续向右书写；随后以这种方式书写、跳回，直至写到表面的右下角。在这里，我们看到的显然是一种诞生于历史巧合的、"偶然的"线性属性。其他结构也可以容纳这种姿态，其他文化中也确实有类似的姿态。我想到的不仅是结构完全不同的文字，如埃及象形文字或中国表意文字。我想到的是阿拉伯文字，它是欧洲文字的镜像；还有古希腊文字，它以蛇形方式前后移动。这就是我们书写姿势的结构，它是由一些偶然因素造成的，如泥板对尖头木棍的抵触、拉丁字母的约定俗成及裁剪成书页形状的纸张。然而，书写姿势是一种结构，它赋予了我们存在于世界中的一个整体维度以形式。这种形式是历史的、逻辑的、科学的和累进的，其特定的线性特征使我们的书写姿态不可逆转。改变这一偶然结构的一个方面，如建议人们像古人那样以可逆的方向书写，就意味着改变我们在世界上的存在方式。

作为装置的打字机是一种程序化的工具。它的功能一方面是为了完成线性书写（如上所述），另一方面是为了帮助人们记忆书写姿态的某些方面。它从左到右运行、跳跃,在到达角落时发出响声,同时还将字母表中的字符储存在按键中。它是 20 世纪西方存在于整体维度的具体化,对打字机进行现象学分析将是一个获得自我认知的好方法。人们普遍错误地认为,打字机"限制"了姿态的自由。事实上,打字比用钢笔书写更自由。这不仅是因为打字机让书写更快、更省力,更确切地说,还因为它让姿态的规则更显明,因而更包容书写者对规则的逾越。将具体的诗歌、文字二维化的努力,只有在打字机上才有实现的可能。自由并不是无视规则(钢笔也可以做到),而是改变规则(打字机可以做到)。

钢笔至今仍然是一根尖棍,就像在美索不达米亚时一样,尽管它不再在表面留下划痕,而是在表面留下墨水。相比之下,打字机更像一架钢琴。有人会说,钢笔更像"雕刻刀"(Graveur),所以更真实,但这是一种错觉。打字机是用字锤敲打表面,所以它是一种比钢笔书写更为深刻、具体的图形(graphisch)姿态。书写是思想成为现象的方式之一。与钢笔、粉笔或铅笔相比,用打字机书写是一种更开放的思维方式,它是书写的典型姿态。

我们可以通过以下三个例子进行比较。一只黑猩猩在打字机上敲打一通,它并非有意识地选择任何按键,所以它写出的文本必然是偶然的;打字员在打字时,会根据已有的文本选择按键。黑猩猩没有在书写,它只是敲敲打打;打字员也没有在书写,她是他人的打字机。以打字机进行书写是一种姿态。这种姿态根据正字法、语法、语义学、信息论、传播理论等具体标准选择特定的按键,目的是产生一个文本。如果使用文字处理程序,可能会发展出更精练的思想表达。尽管这些标准无法被直接观察,但通过观察打字机书写的真实姿态可以看到这些标准的表达方式。这就是所谓的"看到"(sieht)一个人是如何思考的。内

3. 书写的姿态

省（Introspektion）使我们能够分析"思想"（Denken）的意识形态概念，从而使其更加精确。

书写者表达了某种东西。"表达"是一个相对的概念，其意思是"从某处对某物施加压力"。在下面这个特殊的例子里，"表达"的含义是显而易见的：书写者通过按键，将带有字母的字锤压在纸上。但是，"表达"也有从内部向外部施压的意思。在书写的姿态中，这一含义并不明显。但通过内省，我们可以说，书写者是在突破层层阻力，将隐藏在内心深处的虚拟性（Virtualität）释放出来。此处询问"什么虚拟性"还不是一个好问题，因为这种虚拟性只有在书面文本中才能实现。答案就是文本，而这一点是书写者事先并不知晓的。事实上，书写的姿态就是对"我想要表达什么"这一问题的回答。

相对而言，我们应该追问的是，为了按下打字机的按键，必须穿越怎样的层层障碍。按照这个问题提供的标准，文学批评可以被分为两类，一类愚蠢的批评会问"他想说什么"，另一类明智的批评会问"他这样说是因为他要穿透什么障碍"。障碍有很多，其中一些存在于书写之前。它们与节奏和形式规则相关。这些规则与要表达的虚拟性相抵触，并主张自己的特定结构。但是，只有在穿透这些障碍之后，只有在虚拟性遭逢词语的反抗之后，一个人才会决定进行书写。在此之前，要表达的虚拟性可能会以另一种姿态表达出来，如音乐创作或绘画。当我们谈论书写时，我们必须从描述词语的反抗开始。

我的头脑中有诸多词语，它们不仅是吸收要表达的虚拟性、赋予其可键入形式（通过打字机）的工具，也是振动的统一体，并拥有自己的生命。它们有自己的节奏、和声和旋律。在它们的根源中，隐藏着我所继承的所有历史的永恒智慧。它们投射出一个完整的内涵框架。因此，我无法自如地挑选出与我要表达的虚拟性相应的词语。我必须首先倾听它们。

在我的记忆中,有来自各种语言的词语。它们的意义并不相同,每种语言都有自己的氛围,所以自成宇宙。说我掌握了记忆中储存的各种语言是不确切的。当然,我可以翻译。从这个意义上说,我超越了所有语言,并且在这一意义中,我可以选择用什么语言进行书写。但从另一个意义上说,这些语言支配我,将我程序化并超越了我,因为每一种语言都将我抛进它们的世界。如果不首先认识到词语和语言对我行使的这种权力,我就无法进行书写。这也是我选择书写姿态的根源。

词语的力量是如此巨大,以至于每一个词都会在不知不觉中唤起一连串其他的词。大堆的词汇可以暴起与我对抗,通过打字机的键盘朝我涌来。这种自动书写①(écriture automatique),这种"意识流"(Bewusstseinsstrom)是一种需要防范的诱惑和危险。如果能潜入意识流(词语之流),让它们从内心流出,流过手指,流过打字机的按键,流过纸张,从而惊叹于它们所创造的一切,惊叹于文字纯粹的音乐之美,惊叹于它们丰富的内涵和世代相传的智慧,这是何等美好。然而,我在书写的过程中迷失了自己,应破壁而出并在打字机中被敲击出来的虚拟性也随之消散。再一次,书写将自己交托于词语的魔力,并由此获得对这一姿态的某种控制。

当我选择言说而非书写之时,词语(Wort)与自我(Ich)之间,词语所说与我试图所写之间的辩证关系会采取完全不同的形态。当我言说时,词语会强加给我发音规则,而如果我说出词语,它们就会成为发声体与空气振动。这是与书写的线性属性不同的线性属性。因此,说书

---

① 也称为心理记录,是一种所谓的心灵能力,即允许一个人在没有意识的情况下写出文字。——译者注

写是口语的记录是不确切的,录音转录(文字)就不是书写的文本。书写姿态中的辩证法是在我与低吟浅唱(sotto voce)的语词间展开的。它关注的是我和保留在虚拟世界中的词语之间的辩证关系。这正是书写之美,这就是词语的现实化。身为作家并不一定意味着就是演说家,游吟诗人也不是诗人。词语以不同的方式反抗着书写和言说。

只有在我决定用打字机将词语以字母的形式表明之后,我的工作才真正开始。我必须对词语进行排序,使最初模糊的想法得以表达。此时,各种规则纷纷出现。首先是一种逻辑法则,即我确信我想要表达的东西正在抵制逻辑顺序,我必须重新调整我试图表达的东西。其次是语法规则,即我确信这两种规则并不一致。我开始处理这两种规则,并努力确保要表达的内容在逻辑和语法的矛盾之间勉强滑过。最后是正字法规则。同时,我发现了字母编码的奇妙之处,如逗号、问号的作用,分段、跳行的可能性,以及诱发所谓的拼写错误的可能性。(此处有一个问题:故意违反规则算不算错误?)是的,我用手指在打字机上按键,于页面在打字机上的自动移动中发现了这些问题。在这些进程中,要表达的东西被表达了出来:它被实现了。因此,在书写过程中,我惊讶地发现了自己想书写的东西。

认为书写能修正思想的观点是不对的。书写是一种思想方式,没有一种思想不是通过姿态被表达出来的。被表明之前的思想只是一种虚拟性存在,换句话说,它什么也不是。思想是通过姿态实现的。严格来说,我们在做出姿态之前是没有思想的,书写使思想以文本的形式得以实现。拥有尚未写出的思想实际上意味着一无所有。一个人如果说他无法表达自己的想法,那便意味着他根本毫无想法。重要的是书写的行为,除此之外,一切都"不可思议"。在书写的姿态中,风格问题不是附加的,而是问题本身。我的风格就是我的书写方式,也就是说,它就是我的书写姿态。正所谓"风格即其人"①（Le style c'est l'homme même）。

思想是通过各种各样的姿态表达出来的。书写以其独有的线性和内在的对立统一（存在于耳语的语词与要表达的信息之间）而在诸种姿态中占据着特殊的位置。这种姿态所表达的就是西方的"官方思维"。严格说来，历史始于书写姿态出现之时。西方社会是以文字为思维方式的社会，但这一切都即将改变。日益重要的精英阶层的官方思维逐渐表现为网络数据库和计算装置的编程，其结构与书写姿态迥然相异。大众被编入技术图像的符号，从这个意义上说，他们再次变成了文盲（系统分析师不需要书写，计算机的运行不需要字母符号，大众文化不需要阅读，电视也不需要字母来提供信息）。书写的姿态即将成为一种古老的姿态，它表达出来的存在方式已被技术发展取代了。

我们可以乐观地看待这一发展。书写的姿态实际上是一种贫乏、原始、低效和昂贵的姿态。字母表（符号）就其内容和结构而言，是自我意识思维的有限符号。书面文本的膨胀进一步贬低了书写姿态的价值：人人都是书写者，没什么大不了的。显然，摆在我们面前的问题要求我们用比字母更精练、更准确、更丰富的符号和姿态来思考。我们需要用视频、模拟的数字模型、程序及多维符号来思考。作为一种存在方

---

① "风格即其人"一语是法国博物学家、散文作家乔治-路易·勒克莱尔·德·布封（Georges-Louis Leclerc de Buffon，1707—1788）的名言，出自他于1785年8月25日在法兰西学院的一次演讲。当时，法国启蒙运动如火如荼，在广泛的思想解放之下，神权地位逐步下降，人们开始追求个性，把人放在自然界的中心，反对"艺术家为上帝服务"的观念，提出艺术创作的主体是作家。在此基础之上，布封提出了"风格即其人"的名言，强调作者思想的重要性，即风格必须有全部智力机能的配合与活动，风格表现着作者的个性。他还在法兰西学院发表的《风格论》中指出："写得好就是善于思考、感受和表达，并拥有由清晰的品味组成的精神、灵魂……风格就是人本身。"因此，写作是一种"我的"思想的方式，在写作的姿态中产生"我的"风格，即风格是人。——译者注

3. 书写的姿态

式的表达，书写不再有效，也不再有价值。现在是时候承认这一点并认识到其后果了，比如在小学的教学计划中。

这一切都是真的。然而，依旧有人无法面对这一事实。古人耳语的语词听起来如此有力，如此具有诱惑力，以至于将耳语写下来的冲动不可抗拒。他们当然知道自己面对的是一种线性的、可怜的单维姿态，但他们不会感知到任何贫乏。对他们来说，语言及其虚拟性是如此丰富，以至于世界上的所有文学作品揭示的仅是冰山一角。对他们来说，书写不可能是一种"贫穷艺术"①（Arte Povera）。他们知道，书写不再值得付出努力，但他们还是要写。他们的书写动机既不是为了给他人提供信息，也不是为了丰富集体记忆，哪怕他们可以这样说。荒谬之处在于，如果没有书写，他们不会生活得很好，因为如果没有书写，他们的生活就没有什么意义。所以，对那些古典时代的人来说，此即所谓的"书写是必须的，但生活不是"②（Navigare necesse est, vivere non est）。

---

① 贫穷艺术是20世纪60年代在意大利兴起的一场前卫艺术运动，也是二战后欧洲最有影响力的艺术运动。"贫穷艺术"这个词最先由意大利批评家杰勒马诺·切兰（Germano Celant）在1967年提出，但并没有形成一个确定的团体。贫穷艺术以雕塑、装置为主，反对50年代主导欧洲的现代主义抽象绘画和极少主义艺术；主张使用朴素的日常资料反抗现代性对历史记忆的消除，反思机械理性主义，倡导回归自然，打破艺术与生活的界限，唤起工业文明之前的、关于传统的、本土的感知和记忆。——译者注

② 这句话是拉丁语，直译为"航行是必须的，但生活不是"。这句话可被理解为生命的价值不在于简单地活着，而在于经历、探索和冒险。就像航行一样，其过程本身可能充满了挑战和不确定性，但正是这些经历使人们的生活更为丰富和有意义。——译者注

4. 言说的姿态

　　口腔内外的复杂器官(如舌头、牙龈和嘴唇)的运动会使周围的空气以一种被编码成"语言"(Sprache)系统的方式振荡——这是否就是言说的姿态?是否真的有特定的器官"用于"(verwendet)言说,就像胃用于消化一样?还是某些器官在人类的进化过程中发展出了言说的功能,就像用钢笔写字一样?是语言惯例的产生以发音器官为基础,还是这些器官因语言惯例而发展,或者还有另外一种可能,即语言习惯的产生和口腔构造的发展是同步进行的?是大脑中的语言中枢"实现"(verwirklicht)了对语言规则和发声器官的创造,还是相反,即这个中枢是从言说的实践中发展出来的?由于发音器官必须从身体整体的维度来审视(如作为胸廓的功能),大脑的语言中枢也必须被置于大脑整体(如作为书写中枢的功能),那么语言惯例的生产者是否是作为整体的身体,即所谓的精神(Geistes)?或者说整个身体,尤其是发音器官,是否必须被视为物质与精神的综合体,又是否是经历历史的长河,在语言惯例与哺乳动物有机体的相互磨合中发展出来呢?这样我们就可以宣称,任何器官,包括拇指,都可以被视作会说话的哺乳动物的器官了吗?反过来说,我们应该把任何语言惯例,哪怕是最正式的语言惯例,如象征

4. 言说的姿态

逻辑,都视为由长着拇指的哺乳动物生成的吗?难道其他哺乳动物不会说话,是因为它们的声带不适合言语,或者反过来说,人类的声带之所以如此,是因为语言惯例的特定功能(如逻辑功能)使然吗?那么问题就产生了:其他动物是不说话,还是我们"无法理解"它们说话的方式?因为它们的声带(触角或伪足)是由一套不同的惯例(另一种思想)塑造的?那么,言说的姿态是来自身体、精神、生物机理、历史、语音学、语义学、言说者,还是来自言说的内容呢?是"言"来自"说",还是"说"来自"言"呢?

如果你在一个字刚从嘴里说出来的那一刻伏击它,试图抓住它,在它被吐出来之前咀嚼它(这实际上是在把握言说的姿态),你会发现你总是晚了一秒。在发音之前、口唇之后,不知在何时、以何种方式,这句话已然形成。它并非从永恒的理式世界或人类历史旷野的某处生成的话语。我们可以说,在语言器官的复杂运动之前,这句话已然形成于大脑中的某处。因此,我们应该去哪里寻找言语的姿态呢?至于从哪一个最佳点(从科学还是经验中)来捕捉这句话,这个问题可能不太好回答。要想抓住这句话,这句话必须自己说出它的出处。让这句话自己言说吧,因为它在口唇之后、发音之前就已经成形,要知道它最难开口,无出其右。

里尔克[①]说过,先知就像火山一样吞吐言语,这是因为先知说出的话不是从他自己那里得来的。然而,里尔克认为,所谓"自己"的言语并不存在,或者几乎不存在。人们在说话时总是被他人的言语支配,这些"他人"在说话时又被别人的言语支配。所以,可以简单地声称,一个人在说话时被言语支配。如果给言语一个机会去言说,那么言语自然而

---

① 赖内·马利亚·里尔克(Rainer Maria Rilke,1875—1926),奥地利诗人,出生于布拉格,早期代表作为《生活与诗歌》(1894)、《梦幻》(1897)、《耶稣降临节》(1898)等,成熟期的代表作有《祈祷书》(1905)、《新诗集》(1907)、《新诗续集》(1908)、《杜伊诺哀歌》(1922)等。此外,里尔克还著有日记体长篇小说《马尔特手记》。——译者注

然地会如此说：不是人说了话，而是话说了人；并非特定的人群说了特定的语言，而是特定的语言培养了特定的人群。获得了说话机会的言语（话）不允许话语与人类之间的关系变得辩证（dialektisieren），从而暗示言语创造了人，或人创造了言语。如果我们试图抓住处于口唇之后、发音之前的言语，那么它就会如此说：太初有言，言在言说者里面，言就是言说者。我们当然可以从科学和哲学的角度反驳言语的这一宣称，在由此产生的混合物中烹制出各种心理学、语言哲学和传播学理论（而且可能味道绝佳）。但在这种情况下，布丁的价值并不在于吃，因为如果我们回到"言语"，在它被说出来之前，它就一再明确无误地说道："我是存在之家，是神性的气息，是太初，是逻格斯。"在发音的那一刻之前，如果能绕到声带背后，捕捉言说的姿态，就能看到言语的光芒，即使我们明知声带和发音会熄灭这种光芒。因此，很奇怪，我们对言说的观察终致沉默。当然，"沉默"并非静止，而是在言语进入嘴巴之前将其阻止的姿态。沉默仍意味着言说，只是没有言语从口中被说出。我们要掌握言说的姿态，就必须先观察沉默的姿态，因为在沉默中，言语在言说，并且发光；要掌握言说的姿态，就必须学会沉默。

然而，言语是无法被永远压制的。言语要逼迫嘴，以将言语说出。人们之所以说话，与其说是因为"有话要说"，不如说是因为言语刺穿了沉默之壁。在当下，言说的基本事实已被遗忘。言语之门病态地敞开着，多言症（Logorrhör[①]）如洪水般滔滔而出，充斥着整个世界。人们多言，是因为他们不再知道如何言语，这是因为没有什么好保持沉默的：言语失去了光彩。在其他更早的时代，在言语泛滥之前，言说的姿态一

[①] "Logorrhör"在德语中指一个人过多地说话，特别是无意义或重复的话语，这个词直译为中文就是"唠叨"。在医学上，这个词有时被用来描述某些患有精神疾病或神经症的人所表现出的过度言谈症状。——译者注

4. 言说的姿态

定是有分量的、庄重的，或者可以说存在一种对言语的校准(Messen)和有节制的言说。我们可以在农民或独居者中看到这种节制，对他们来说，言说是沉默的中断，而非静寂的解药。这里要讨论的是言说姿态的原始分量，而不是闲谈的轻浮姿态；不是那种让市场、电视和演讲厅的空气都活跃起来的随处可见的"动动嘴"，而是将言语从观察之境转移至与他人相连的交往领域的更为罕见的姿态。

对话性(dialogischen)言语和话语性(diskursiven)言语之间的差异在言语分析中至关重要，却无法通过观察会话被发现。当言语冲破沉默之壁时，它就从言语的可用领域进入了人际关系的领域，这些关系是如何结构化的问题变得不那么重要了。说话的人将他的言语引向某个语境，他从来不是对空言说。从这个意义上说，言语总是一种称呼(Anrede)、一种宣告(Aussprache)，即一种对话体。但是，他表达出的言语会形成链条。由于句法和语义的原因，这些言语彼此相连。从这个意义上说，言说的姿态始终是一种话语姿态。对话与话语之间的区别可能只有在人际关系的网络中、在政治舞台上才能显现，并且在说话的瞬间仍然难以确定：言说者在言谈之际能够选择对话与话语。但是，在言说的姿态转变为与词语结合在一起的统一体之前，还需要作出另一个决定，即在被沉默之墙分割开来的两个领域之间作出决定。

言说者的内在空间，即那个在声带之后、在发声之前的空间，不能被理解为一个私人空间，因为充斥其中的言语具有内在的公共性，并且它源于公共领域。将这个空间视作某种按逻辑顺序储存永恒观念的"圆的理念"[①](topos uranikos)也是不准确的，因为充斥其中的言语只有在说出来时才能成为现实，进而成为理念。如果不考虑内部空间被

---

① 指柏拉图所称圆形的理式世界(Idea)所在的完美领域。——译者注

比作计算机并因此被移到大脑中的危险，它被描述为一种人工智能记忆或许最为恰当。客观来看，即从解剖学和生理学的角度看，这个空间与大脑和言说者的整个身体结构有很多共同之处。但是，我们无法利用这个角度去把握它，因为这一空间的特征是一种非常特殊的自由辩证法。在那里，可用的词语挤压向外部空间，以便被选择并发挥作用，与此同时，沉默之壁以非常复杂的方式向内挤压。这个双向压迫的言语阴影领域通常被称为思维领域，尽管这一术语有可能会使人忘记这一空间与大脑的直接联系。

关于这个空间，还有一个问题：在言说的瞬间，即在思维空间的外部边缘，人是如何思考的？很显然，在那里，在晦暗的缝隙和角落里，人们的思维方式必定与别处不同。可以更简单地说，在这种边缘情境中，思考意味着选择言语，而这些言语旨在指向外部空间中的特定问题，以解决它们。如此简单地陈述这个观点实际上是站不住脚的，但它确实让我们看到了言说者的外部空间，言说者基于这一空间选择言语。这是一个充满问题和他人的空间，但将其等同于"世界"的观点是错误的。言说者不是与世界对话，而是越过世界与他人对话。言说是一种绕过世界以抵达他人的尝试。在这个过程中，世界被吸收，被"言说"（Besprochen）。言说不是试图撇开世界去获得什么别的东西，而是要以言语抓住一个世界，再触及其他世界。言说者用他指向他人的语言来把握世界。因此，外在于言说者的世界是一个可以用语言来把握的世界，其背后还有其他世界。基于这个非常特殊的空间，言说者选择自己的言语，它是可以把握问题的空间，是可以触及他人的空间，即政治空间。这就是他"思考"的方式。

然而，这种选择不能被视作将现有语词与现有的问题相匹配，也不能被视作一种"理智与物相契合的真理"(adequatio intellectus ad rem①)。因此,任何机械的模式,无论是亚里士多德式的、笛卡尔式的,还是任何其他类型的,都必须被摒弃。言说的姿态表明,这并非关乎用言语触及问题,也非试图用言语-盒子②(Wörter-Kisten)或曰"范畴"捕捉问题。言说者不是问题猎手,他不会像猎人那样设置言语陷阱,或像渔夫张开言语之网捕捉世界,哪怕大部分传统哲学想要让我们相信这一点。情况恰恰相反,言说者是在寻找他人。他的言语是伸向他人的触角,尽管这些言语是根据问题选择的,但其主要意图是让他人理解。因此,言说者的思维是一种"理智与物相契合的真理",他的目的不是获得某种"客观"真理,而是使主体间的理解成为可能。言语确实是根据问题的功能被选择的,但选择的标准并非只有问题导向,同样重要的还有言语的可理解性。言说的姿态不仅是一种认识论姿态,也是一种美学姿态。

要想理解话语选择的复杂性,前提是认识到言说者的思想至少既是词语的功能,也是问题的功能,认识到言说者将问题与词语相匹配的程度至少与他将词语与问题相匹配的程度相当。简而言之,言说者是作为一个活生生的人而非一台科学计算机在思考。在这种选择中,我们至少可以发现两个相邻的因素:拒绝用言语来把握的问题和拒绝说出来的言语。因此,我们至少会遇到两种沉默。一种是拒绝用言语表

---

① 拉丁语,可直译为"真理是知与物的相符"。这个概念来源于中世纪哲学和神学,特别是在托马斯·阿奎那的哲学思想中占有重要地位。它是一种认识过程,其中,理智或思想被调整或主动适应,以正确地理解外部世界的事物。参见[意]托马斯·阿奎那:《论独一理智——驳阿维洛伊主义者》,段德智译,商务印书馆 2015 年版。——译者注
② 从哲学上讲,在这个盒子中,语言(词语)不仅是沟通工具,还是构建我们理解和与世界互动的基石。词汇的选择影响着我们对现实的认知和态度,甚至能够塑造我们的社会存在和个人身份。——译者注

明的问题,有关于此,维特根斯坦说过:"与无法言说之物有关,我们必须沉默。"另一种是拒绝说出来的言语,如《圣经》中说:"不可妄称耶和华你神的名。"我们姑且称之为认识论和美学上的沉默。我们至少可以确定两种打破沉默的方式:不负责任的言语和无耻的言语(谈论不能谈论的事情和谈论不应该谈论的事情)。这是拒绝承认人类局限性的两种形式,是两种过度的自由。然而,反过来说,人们也可以认为,言说的目的恰恰在于此:去说出无法言说的问题,说出无法言说的言语,挑战人类生存条件的极限,拓展人类自由的空间。

5. 制作的姿态

人类双手的对称性决定了左手必须在四维空间中转动，才能与右手重合。由于第四维度的不可及，人类的双手永远只能互成镜像。当然，我们可以通过戴上手套或用动画来想象它们的一致性。它所引发的兴奋是如此强烈，以至于接近哲学上的眩晕①（philosophischen Taumel，迷狂），因为两只手的对称关系是人类存在的一个条件，想象两只手重合就是在想象超越身体构造基础的界限。然而，我们可以在一定意义上超越界限：我们可以做出一种姿态，让两只手达成一致。当然，我说的不是用一只手去抓住另一只手，那种"空洞"（leere）的姿态只能证实两只手的不同。我们可以尝试让两只手集中在一个障碍、一个问题或一个对象上，这种"充满的"（volle，完全的）姿态就是"制作"（Machen）的姿态。这种姿态是从两侧向对象挤压，以使两只手相遇。

---

① 在存在主义哲学的概念中，"眩晕症"指存在的眩晕。这个术语用来描述个体在面对人类存在的本质、自由、选择和孤独等问题时所感受到的困惑、不安和失衡。这种眩晕感源于人类在意识到自己存在的无限可能性和责任的同时，也意识到了死亡的不可避免，从而导致人们在存在的道路上感到迷失和迷茫。这个概念反映了存在主义的核心思想，强调了人的主体性和存在的独特性。——译者注

在这种压力下,对象改变了形态,新形态就是印记在对象世界中的"信息"①(Information),也是我们超越人类基本构造的方式之一,因为这是一种让两只手在对象中相遇(合一)的方法。

很多用来描述手的动作的词语已经成为抽象的概念,如拿、抓、取、握、操作、拉出、创造,我们常常忘记它们的意义是从具体的手部动作中抽象出来的。这些词汇让我们看到,我们的思维在多大程度上是由我们的双手,通过制作的姿态及两只手向对象施压的方式来塑造的。想象一个与我们有同等思维能力却没有手的生物,就是在想象一种与我们截然不同的思维方式。即使章鱼拥有人类的大脑,它也永远无法抓握、定义或计算,因为这些都是手的动作(除非它用触手做出类似手的动作)。要了解我们是如何思考的,我们就必须观察自己的双手:观察手指,观察拇指与其他手指相抵的方式,指尖碰触的方式,手掌张开和合拢成拳头的方式,以及一只手与另一只手的关系。

说世界就在"触手可及"之处并不足以描述我们在世界上的位置。我们有两只手,我们从两个对立面理解世界,这样世界才能被我们接受、把握、规划和操纵。我们并不像章鱼那样从八个侧面去理解世界。由于双手的对称性,世界对我们来说具有"辩证法"特性。我们可以假设世界是拟人化的(anthropomorph),但这种假设并不"实用"(对"手"有益),因为我们无法"得到"它,"抓住"它,"用它来做什么"。对我们来说,世界是一体两面的,它有好与坏、美与丑、明与暗、左与右。当我们想象一个整体时,我们将其构想为两个对立面的统一。这样一个整体,就是制作姿态的目标。

---

① 弗卢塞尔指称的"Information"源于"形态",即用以"赋予形式"。对弗卢塞尔来说,信息是某个对象上附加的思想和价值,它通过形态得以具体体现。——译者注

5. 制作的姿态

双手的结构要求制作的姿态力求完整性（完美），但同时也扼杀了这一目标的可能性，因为双手的对称性决定了它们无法在三维空间中重合。我们可以在世界的"背后"投射一个四维空间，以便为完美的制作姿态提供一个模型："上帝作为造物主"，在对它所创造的世界的"超越"中，造物主的两只手是一模一样的。柏拉图的第三性别是令人费解的①。然而，无需特殊的神学研究，我们就能认识到，这种模型本身就是人类制作姿态的产物，即每个模型都是我们双手的产物。因此，制作的姿态无法用模型来接近，否则就会陷入循环论证。这种姿态必须在没有模型的情况下被观察，也就是说，它需要现象学的努力。这并不容易，因为我们本身就呈现为制作的姿态。这就要求我们将自己视为制造者，视为"制造的人"②(homines fabri)。我们必须成为火星人。

一名火星人观察人类的手时可能会比我们观察蜘蛛更加感到厌恶。我们的双手几乎从不停歇，它们就像五只腿的蜘蛛，一刻不停地试探、触摸，发出声音，与世界互动。火星人讨厌看到地球上存在着类似于双手的实体，如感知器官，用于攻击和防御的武器，以及交流工具，但他们不会找到任何比我们的手更欲壑难填、更持久警惕、更躁动不安的东西了。这种令人厌恶的存在方式是人类独有的。

---

① 柏拉图在《会饮篇》(Symposium)中通过一系列人物的对话探讨了爱的本质。在这些对话中，柏拉图的弟子阿里斯托芬(Aristophanes)提出了一个观点，即人类最初是三种性别合并而成的一种生物，后来被神分割成男性、女性和一种中间性别。这种"第三种人"的观点对"双性同体"这一现象进行了确切的描述。由于"同时具备太阳和大地的性格"，"第三种人"拥有比其他人更为强大的力量，也因此威胁到众神的统治。最终，宙斯想出了一个削弱人类力量的方法，即把每个人都截成两半。因此，每个人都成为被劈开的一半，其幸福之路便是努力寻找自己的另一半，将男女性别气质归为一体，回归"双性同体"的原始状态。——译者注
② 荷兰语言学家约翰·赫伊津哈(Johan Huizinga, 1872—1945)提出了"游戏的人"这一概念。他认为人类通过没有目的的游戏而实现人之为人的根本(Menshcesein)——"卢登斯人"(homo ludens, 即游戏的人)。"制造的人"与"游戏的人"相对。——译者注

从秩序、和谐、完美的角度来看，即从非人类的角度来看，手是怪物，因为它们永不满足的欲望和好奇心颠覆了所有秩序。在事物的秩序中，手实际上是挑衅和颠覆的媒介，因为它们潜入自然，颠覆自然，而且它们本身就是非自然的、令人不安的，甚至让人感到厌恶。很显然，手是人类存在于这个世界的方式之一。我们必然会唤起所有动物的厌恶感（也许只有狗除外）。

我们的手几乎不停地运动。如果我们通过视频记录下双手在空间中来回移动的线条，我们将得到一个展现我们在世存在（In-der-Welt-Sein①）的图像。实际上，我们确实可以访问这样的视频——文化的世界。在那个世界里，我们的手历经数千年留下来的轨迹早已被铭刻，尽管这些轨迹也曾因对象世界的抵制而改变。而这，无疑就是我们从人类的角度来看，认为是美的象征。

制作的姿态具有不可名状的复杂性。为了讲清楚，我们将制作的姿态分为几个简化的阶段：双手伸向对象世界，抓住一个对象，将对象从周围的环境中撕扯出来，从两侧挤压对象，改变对象的形态。这种简化仅将注意力集中在双手上，因为整个身体（在另一个存在论层面，当"精神"变得不可被忽视时，"精神"也参与其中）肯定也参与了制作的姿态。但是，通过这种简化的关注，只有手得到了彰显，其他的一切都被留在了模糊不清的视野边缘。

因此，双手首先向世界伸出，张开双臂，手指张开，手掌相对。我们

---

① "In-der-Welt-Sein"是德国哲学家马丁·海德格尔的一个核心哲学概念，也可译为"在世界中存在"。这个概念体现了海德格尔对存在（Sein）和人的存在方式（Dasein）的深刻理解。"Dasein"（此在）指人类的存在总是已经在世界中，已经与周围的世界产生了关系和互动。"Dasein"的特殊性在于，它能反思自己的存在，询问"存在"的意义，并通过理解和解释世界来构建自己的生活。——译者注

5. 制作的姿态

知道这个姿态，它是接收的姿态，是接纳的姿态，是向未来敞开的姿态，是可被称为感知（Wahrnehmung）的姿态。但是，我们不要被它友好而和善的外表欺骗了。感知不是完美无瑕的概念，而是一种强有力的、积极的姿态。它向世界施以权力，因为它将世界划分为双手表面之间（它接纳）的区域和之外（它排斥）的区域。它对未来产生影响，因为它打开了一条通道，并让某些事物通过这条通道流动，而其他事物则被排除在外。它是一种划分的姿态，是康德意义上的"范畴"①（kategoriale）的姿态。它将对象世界纳入由感知姿态开启的范畴。

一旦确定了行动范围，双手就会向彼此移动，直到被某物挡住。肯定会有这样的某物，因为对象世界"充满"物，即使双手伸出穿过的只是空气。事实上，双手鄙视那些没有明显阻力、自己不费吹灰之力就能穿透或拂过的东西。对它们来说，这样的东西不值一提，因为我们面对的是一种帝国主义的姿态：一种支配世界、蔑视世界、掌控不抵抗之物的姿态。这个世界由双手合拢时拂去的细屑组成。

有时，双手的移动不会遇到任何阻力，因而它们会感知到"无物"（nichts）。这是一个"空"的姿态。然而，有时双手又会遇到阻碍，以致无法进一步靠近。这时，双手可能撤回，也可能坚持相遇。第一种选择会产生一种恐惧、逃避或逃跑的姿态或一种厌恶、反感的姿态。这种姿态不在本文讨论的主题范围之内，我们关注的是第二种情况。此时，双手开始用指尖触摸对象，沿着对象的轮廓，感受对象在手上的重量（它们在掂量，erwägen），把对象从一只手放到另一只手上（反复思量，überlegen）。这就是"把握（Begreifens）的姿态"。这不是一个"纯粹"的

---

① 康德认为，范畴是知性（Verstand）的纯概念，是知性功能的表现。知性的功能就是意识的综合统一性，它是通过知性的"判断"作用实现的。因此，人们必须在知性的判断功能中去发现范畴。——译者注

"客观"观察的姿态(尽管我们的科学传统声称如此)。手抓取某物并非对该物体本身感兴趣,而只是"摆弄"它,这是人类特有的动作。双手只对"相遇"感兴趣,它们对对象的兴趣并非针对对象本身,而是因为对象成了一种"问题"和障碍。把握的姿态并不"纯粹"①,因为它不是冥思的,而是"实践的"。它有目的,就像所有其他姿态一样。没有纯粹的理解,"纯粹"的知识只是一个神话。

把握的姿态是实在的,它确实需要抓住与对象有关的一切,但这是一个荒谬的目标。手绝对无法抓握对象的所有面,因为在现实中,任何对象都有无数个面。因此,从实际的观点来看,任何对象都是有无数面的"具体的"存在,独一无二且无可比较。双手无意达成对某物的全面认知,为了相遇,它们只需要抓住与相遇有关的侧面,即可能贯通对象的侧面。为此,双手集中在这些面上。这就是"理解"(cum-prae-tendere②)的姿态。事实上,这个姿态是在比较手中之物与此前抓握之物。一个具体的对象是无法与任何对象相比较的,但通过它的某些侧面,它变得更容易被概括。传统的说法是分类、归纳和渐进概括。这些概念给人的印象是,我们面对的是一种逻辑的、数学的、形式的和抽象的活动。这些概念的意义是从"理解的姿态"中抽象出来的,而这些姿态离不开手的存在。忘了这一点,"理解"实际上就变成了精神的运动。但是,如果我们将目光集中于对象周围产生的手的运动,我们就能观察

---

① 在海德格尔的哲学体系中,"纯粹"(reine)通常与他的存在论和存在论分析相关联,特别是在他的著作《存在与时间》中。"纯粹"的概念往往与摆脱了任何先入为主的观念、预设或范畴的存在相联系。在他看来,"纯粹"的存在指那种没有被世界观、理性结构或科学理论预设的存在方式。它涉及一种直接的、未被中介的与世界和自身的联系。这种"纯粹"的存在就是他的"存在论"分析的出发点,即"此在"的存在方式。——译者注
② 拉丁语,意为"随着(共同)-向前(超越)-展开(指向)",具有"理解""觉醒""领会"的意思,是英语"comprehend"的词源,与德语"verstehen"相近。——译者注

5. 制作的姿态

到"理解"在多大程度上是具体的运动。如此，所谓的"理解"就是为了"共同分析"(zusammen Begreifen)，或者说为了进一步渗透到对象中，实现"共同把握"(gemeinsames Ergreifen)。

一个对象是在被双手贯通之时，才真正被理解的。当然，也有无法被理解的对象。有些对象会向手表明，它们实际上是无法被贯通的。这种对象不适合制作的姿态。在这种情况下，双手会做出完全不同的姿态，这不在本文的讨论范围。但是，我们应该意识到，有些东西是无法被理解的，我们的双手也不可能抓住一切。制作的姿态是有边界的，费解之处(das Unverständliche)就是边界。

然而，我们周围绝大多数的对象都是可被理解的。通过移动(动作)，手稳步地拓展着认知的范围。它们摆弄着尚未被理解的对象，以便理解它们。它们以某种"好奇"的方式关注着"值得注意"的事物。总之，它们是好奇的。在我们的传统中，有很多高尚的探索：人类的双手在其好奇心的驱动之下越来越多地占有世界。但如果我们把注意力集中在双手的具体移动上，对其好奇心的解释就显得不那么高尚了。由于对称性，双手想要相遇，却被对象挡住了去路。因此，是它们的形态迫使它们逐渐理解、逐步征服这个世界。手的好奇心是我们被赋予的先天特质之一。

现在，我们来描述双手在理解了对象之后是如何移动的，但在这一点上，一个障碍出现了。由于我们意识到是在描述自己双手的移动，我们此时会感觉到一种"内在的"动机——不知其来自何处——影响并改变了姿态。认识到这一障碍是理智上的坦诚，它要求我们将注意力从双手转移到对"内在"的关切上。我们希望，在短暂的转移后，我们会很快回到双手上。

似乎在理解了对象之后，双手就知道对象应该是怎样的。这句话并不令人满意,并且每一个字都让人生疑。是哪个神秘的存在"知道"呢？在这里,"知道"是什么意思？"理解了"又意味着什么？在"是"(Sein)和"应该是"(Sollen)之间,在现实和理想之间,有怎样的区别呢？显然,在我们的传统中,对这一主题有广泛而无休止的讨论(尽管并不令人满意),但我们难道不是在剔除所有模型的那一刻就结束了这种讨论吗？我们的双手对思想的控制力如此之强,以至于我们无法坦然地避开"主体与对象""现实与理想""质料与形式"之间这种非生产性的辩证法结构。古老的循环论证法的"双手"闭合,使我们无法逃脱。

让我们用"手动的"(manuellen)这一概念来表述这种不确定的感觉：对象是在两只手之间被理解的。左手理解了对象"是什么",即它比较了此物与他物；右手则理解了对象"应该是什么",即比较对象与某种形式。当然,在这句话中,"左手"和"右手"的概念是一种隐喻,而不是描述或观察。不过,左手和右手还是有显而易见的差异。我们希望这种可感知的差异能以隐喻的方式被言明。让我们将左手喻为"实践",将右手喻为"理论"。这两只手在试图相遇时所做的运动,就是使理论立足于实践及让实践获得理论支撑的努力。这个动作改变了对象,使之成为其应有的样子。当对象成为其应有的样子之时,义务性就具有了客观性与具体性,对象就有了用处,而当价值成为对象之时,双手就会相遇。此时,我们就会得到它们指向的"第四维度"：我们意欲追求的从属于价值领域的整体性。

在理解了自己的对象之后,两只手开始赋予它们某种价值或形式。左手将对象推入形式内部,右手则将形式按压到对象之上。这就是"评价的姿态"(Geste der Wertung)。两只手已经就何种形式适于对象达成了某种共识,它们认识到"皮革"这一对象适合"鞋"的形式,"鞋"的形式对于"皮革"这一对象则是有益的。评估是一种权衡的姿态,在这种姿态中，双手仿佛天平的托盘，权衡着实然（存在）的价值与应然（当为）的价值。

当然，也会有相反的姿态。当手选择了一个展现特定形式的对象，按惯例可能涉及两种不同的姿态。当形式取决于对象的功能时，我们称之为技术的姿态，这是"价值中立"的科学研究的结果。相反，当对象作为形式的功能存在，我们就说这是一种艺术的姿态，并称其为设计。不过，传统夸大了技术与艺术，以及制鞋的姿态与设计鞋形的姿态之间的差异。根据对象选择形式和根据形式选择对象，两者相辅相成，因为这正是理论和实践之间的辩证法，一开始强调形式或对象并不怎么重要。制作的姿态在从对象到形式和从形式到对象之间切换得如此迅速，以至于如果我们一开始就在技术和艺术评估之间进行选择，我们一定行之不远。传统在没有任何观察依据的情况下将艺术与技术分开。无论如何，如果以形式化的方式思考，如使用绘图仪，那么形式将压倒实践。如此一来，20世纪上半叶的说法"形式服从功能"就会被颠倒，变成"功能服从形式"。

如果对象已被评价，双手就开始"塑造"它，改变它的形式。双手对对象施以暴力，不允许它保持原样。同时，它们否定对象，并在与对象的关系中肯定自己。否定对象和肯定自己就是"生产的姿态"（Geste des Herstellens），它将对象从其周围的环境中撕扯出来。"生产"意味着将对象从一个环境中抽离出来，并带入另一个环境，即在存在论上改变它；意味着将对象从一个被否定的语境（一个不应如是的世界）中取出，并将其放入一个被肯定的语境（一个恰如其分的世界）中。生产的姿态是一种否定对象世界的姿态，因为它声称对象世界是虚假、糟糕和丑陋的，这个世界阻止了双手的相遇。这就是为什么我们的手是怪物：它们通过生产的姿态宣称它们所处的世界是虚假、糟糕和丑陋的——

除非我们对这个世界做了些什么。这种怪诞性正是我们人类的"在世存在"之道。

"制作的姿态"(Geste des Machens)发生在"生产的姿态"之前。在这一阶段，对象只是以被动的、安静的、无声的、愚蠢的和"可被抓握的"方式待在那里。这种被动和愚蠢正是对象世界的存在方式，即作为对象存在。但突然间，在生产的压力下，对象开始有所反应：它反抗自己被转化为产品，抵制自己受到的暴行；它变得难以处理，成为一种"原材料"。双手厌恶它，因为对象的原始性让双手受伤，生产的姿态也因这种伤害而被改变。双手感受到原材料的阻力，并对伤害作出反应。这就是"研究"(Untersuchens)的姿态。通过这种姿态，材料被感知，甚至被贯通，双手发现材料在抵抗强加于其上的价值。

通过观察制作的姿态，我们发现了理解和研究间的区别。当我们比较不同的对象时，我们就理解了这个世界；当我们贯通对象并将其与我们的价值进行比较时，我们就是在研究这个世界。研究意味着激发对象的奋起反抗，从而迫使它们暴露其内在结构。研究世界是制作姿态的后期阶段，因为必须先有理解，才有可能进行研究。手在对象的表面理解对象，在其内部研究对象。因此，研究比理解更深刻，但也相对缺乏客观性。在研究过程中，人被卷入研究对象的内部。

诚然，在研究之时，人们只能在自己制作的对象中实现贯通。然而，这并不意味着研究只是实践的一种功能。相反，研究是一种使对象的内在理论与实践相吻合的努力。研究的姿态不像理解的姿态那么自由，这种姿态不断在客观阻力面前受挫，不断偏离其预定的方向。这就导致研究不如理解客观。然而，在研究的姿态中，对象本身显示出了更为深刻的意义。要进行研究，就必须有所创作，这意味着理论与实践的结合。机械地对待对象，无视理论或使用与劳动脱节的"纯粹"理论皆非研究之道。无论是因劳动分工而与理论之手分离的工厂工人，还是实践之手已被截除的"纯粹"理论家，都不会研究其对象。这就是"异化"①（Entfremdung）。

原材料对生产压力的抵抗方式和程度因对象而不同。玻璃会在压力下破碎，棉花会吸收压力，水会从指缝中滑落，其他对象，如大理石，则会暴露自己隐藏的断层。每种对象都有自己的伎俩，用来挫败双手将价值强加于其上的努力。因此，双手需要不同的策略和方法。有的需要粗暴处理，有的需要温柔对待，还有的则需要连哄带骗。随着手对对象的研究程度的加深，它们会发现有关强加形式的策略。只要对象伤害了手，它们就会暴露自己的弱点和秘密。当双手研究这个秘密并掌握了改变对象的方式时，它们就会再次改变对象的姿态。这就是"加工"（Erzeugens）的姿态。现在，双手可以为对象施加一种价值，它们可以深入对象的核心，实现彼此的相遇和重合。

从这一点来看，在描述"制作姿态"的过程中，一个新的难题出现了，即专业化和劳动分工的问题。由于每个对象都需要一种特定的策略，所以制作每个对象的姿态都是不同的，以至于各种制作姿态之间没有可比性。不过，要想了解制作姿态的结构，只要观察一个典型的实例就足够了。专业化之树的数千枝条在每一个"加工的姿态"中都呈现为同一种结构。要看清这棵树，无需跟随双手拂过无数枝杈以追求"整体

---

① 这个概念最初由德国哲学家黑格尔在 19 世纪初提出，后来被马克思等人进一步发展，用于描述个人与其本质、劳动产品或社会关系之间的疏远或分离。此外，"异化"这个概念也被广泛应用于其他领域，如文化、心理学和社会学，用以描述个体与集体、自我与他人的疏远感或对事物和经验的陌生化感受。在德语中，"异化"（Entfremdung）和"陌生化"（Verfremdung）是两个不同的概念。威廉·弗卢塞尔在《传播学：历史、理论与哲学》一书中使用了"陌生化"一词，并视其为一种推动媒介变革与人的知觉和实践变化的动力。因此，弗卢塞尔笔下的术语"异化"与"陌生化"是存在差异的。——译者注

性"。只要我们仔细观察，就会发现它是每一姿态的否定条件（negative Bestimmung），因为加工某物即意味着不加工任何其他物。这是一种"决断"（Entscheidung）的姿态。

  在研究对象并发现它们的秘密之后，双手也能相应地了解自己的秘密，并在与对象的关系中掌握技能和命运。我们熟悉"那对我来说很重要"或"那与我无关"之类的说法，因为这基本上就是研究和把握一个对象的意思。当双手抓住了不属于自己的东西，它们会以一种失望甚至绝望的姿态放开它们，以便其他枝杈上的其他双手能够抓住它们。但是，当双手抓住了适合自己的对象时，它们就会愉快地开始加工。每一个加工的姿态都证明，这双手已经通过排除法找到了自己的对象。整棵树以排除的方式否定地存在着。

  加工姿态的基础观念是听到了一种"声音"（Stimme），遵循了一种"召唤"（Berugung）。这是另一个崇高的概念。观察加工的姿态有助于揭开这一概念的神秘面纱。召唤，是选择特定的对象并赋予其价值，而非来自未知之地的神秘声音的恳求。没有一个特别突出的高贵对象，如音乐的声音或画家的画布。发现一种召唤是双手与对象——任何对象——的特异性斗争的结果。它只是发现每双手都与众不同，有些手更善于"加工"鞋子，有些手更善于"加工"诗歌，两者同样高贵。每双手都有在世界上呈现自己的特殊方式，无高下之分。对加工的姿态的观察让"召唤"这一概念去神秘化了，也揭示了这一姿态具有的至关重要的存在意义。当双手找不到"自己"的对象时，它们便迷失于这个世界。如果找不到可以印上形式、强加价值的对象，世界对双手而言就毫无价值。它们不能相遇，它们的运动就失去了章法。当然，它们可以把握、理解、评价、生产和研究，但它们把握、理解、评价和研究的世界不属于它们。然而，当双手找到自己的对象时，它们的动作就变得有意义了，即成了一种加工的姿态。从这一刻起,双手致力于价值的实现,它们找到了自己的使命。

因此,我们完全可以通过观察任何一种"加工的姿态"来洞悉这种姿态的普遍结构。对象应被理解为适合双手的原材料,并由实践之手牢牢握住,理论之手则握住价值,通过向对象施力使其成型。因此,两只手相向地挤压,以便在将要实现的价值中重合。当然,在这一过程中,对象发生了变化,价值、形式和理念也发生了变化。尚未成型的对象顽固、执拗地抵抗,让理论之手感到有必要调整它的施力方式。在对象顽抗的压力下,形式的不断重塑就是创造(Schaffens)的姿态。通过这种方式,双手将新的形式强加给对象世界。

观察表明,新的形式总是在防御性对象世界的压力下发展起来的。新的形式并不像浪漫主义传统所说的那样,源于深刻的灵感,它们不会像帕拉斯·雅典娜那样,从宙斯被劈开的头颅中全副武装地阔步走出①。相反,它们产生于既定形式及特定材料的抵抗之间的冲击体验(Schockerfahrung)。拥有独创性的想法并不意味着具备创造性,因为创作是"制作姿态"中观念变化的过程。把成熟的想法(模式化概念)强加给"临时"准备的材料,也不能算具有创造性。这就像工业生产一样,只有在与刚刚拿到的原材料打交道的过程中,双手需要发展新的想法(原型)时,双手才具有创造性。

因此,我们这个时代特有的工业制造毫无创造性可言,它是对"临时"准备好的材料的暴力侵犯,以使其成为陈规旧制。事实上,实验室

---

① 在希腊神话中,雅典娜是宙斯与聪慧女神墨提斯的女儿。有神预言墨提斯所生的儿女有能力推翻宙斯。宙斯感到这将威胁自己的地位,于是把怀孕的墨提斯吞入腹中。此后,宙斯头痛欲裂,只好要求火神赫菲斯托斯劈开他的头颅。于是,一个身穿铠甲和挺举金矛的女神从他的头里一跃而出,这位女神就是雅典娜。——译者注

中生产的原型也不具有创造性，因为它们是虚拟的原型。在工业社会中，创造性活动处于危机之中。

究其原因，可能是西方文化中根深蒂固的偏见：柏拉图式的偏见。柏拉图将制作的姿态视作两只手分别在不同的地方移动①。其中，一个地方（topos uranikos②，理念世界的存在和认识）有永恒不变的理念，另一个地方（physis，个别事物的内在本质和形式）③有可变化的对象。在制作的姿态中，一只手拿着不变的理念，另一只手拿着可变的对象，两只手相互靠近，其结果是对对象和理念的重塑。但是，由于"真正的"理念永恒不变，从制作姿态中产生的理念自然是"虚假的"。它只是一种常识（doxa）。因此，像柏拉图这样的有产者，拒绝肮脏且浅薄的技艺（technê）的姿态。对柏拉图来说，这是对真正的理念的背叛。这种对制作姿态的评判，从根本上说是对创造力的偏见，至今依然存在。

当我们观察具体的创造姿态时，我们会发现，就因为拒绝弄脏双

---

① 柏拉图认为，如果想要获得宇宙间更高"形式"的知识，就要具备恰当的品德（智慧），哲学家则是唯一人选。柏拉图将哲学与艺术和诗歌对立，声称后两者不符合道德，也是不真实的。这样说的原因有二：第一，艺术助长了欲望和激情，妨碍我们成为冷静、理智的人；第二，艺术是一个危险的假象，是一种模仿，而它所模仿的世界又是对理念形式的真实世界的模仿。尽管柏拉图谴责艺术，却从未将艺术与真理彻底分隔开来。他只是认为，艺术是真理的一面苍白的镜子或拙劣的摹本。不过，他在《智者》一文里讨论了完全有别于真理的另一种范畴，并将其命名为"假象"。——译者注
② 这是柏拉图使用的术语，直译为"天上的场所"，可以理解为"天空"，强调理念世界的超越性和完美性，以及哲学家通过理智的直观所能达到的对真理的认识。理念的世界指超越感官世界的、永恒不变的世界。在这个世界里，存在所有事物的完美形式或理念，这是柏拉图理念论的核心。
③ "physis"通常被翻译为"自然"或"本质"，指事物的自然状态或内在本质，尤其是那些由其理念或形式决定的特质。柏拉图认为，每一个感官可见的事物都有一个对应的理念或形式。这个理念或形式是永恒不变、绝对完美的。感官世界中的事物只是这些理念或形式的暂时性和不完美的表现。因此，一个事物的"physis"就是它的理念或形式，是它真正的本质。——译者注

5. 制作的姿态

手，柏拉图是多么彻底地被蒙蔽了。我们可以看到，理念并非囤积在天上，以供哲学思考，新的理念是在理论与原始的、抗拒的世界的激烈交锋中不断涌现的。这一观察如此清晰，柏拉图式的偏见依然顽固地存在着。例如，尽管马克思对劳动的分析似乎已经克服了这一偏见，但实际上人们仍能瞥见柏拉图式天空的幽灵存在于马克思的分析中，并以"唯物辩证法"的形式出现。也许我们无法克服这种偏见，以彻底地解放创造力，因为我们的双手以左右对称的方式将这种"辩证法意识形态"强加给了自己。

通过创造的姿态，双手发展出新的形式，并将其赋予对象。这是一场斗争。作为人类，双手是脆弱、敏感和易受伤害的，这场较量有可能会毁掉它们。在这种情况下，双手自然可以放弃或屈服。这是一种可怕的姿态，我们对此都深有体会。当人们对创造性活动感到失望时，世界的残暴、愚昧就会乘虚而入。与此同时，受威胁的双手还有第二种选择：它们可以暂时从顽抗的对象上撤离，在周遭寻找支持之道，以便再次发动攻击。这第二种选择就是"制作工具的姿态"，即在对象附近进一步探究，目的是重回它身边。这种姿态的目的是制造一些附属物，以返回原来的对象。这是一种矛盾且危险的姿态。

从某种意义上说，制作姿态的全部问题都隐藏在这一发展阶段。双手离开原来的"实际的"对象，在它们周遭游走，在对象世界中寻找另一个可以用不同方式制作的对象，一个在某种程度上"像手"但不容易受伤的对象，如石头（拳头）或树枝（手指）。显然，石头和树枝远不如拳头或手指复杂，但在破坏或贯通对象方面，它们更为有效。双手可以从客观环境中提取这些对象，再用它们来对抗客观环境。对象由此被转化为简化的手和更有效的延伸。为此，双手要抓住、理解、研究和制作这些对象，然后用它们来对付最初的对象，因为装配有工具的手不再容易受伤，被原有对象的顽抗中断的制作姿态现在得以继续。

在工具制作现场的逡巡是具有模糊性和危险性的，因为制作工具的过程本身就是一系列创作的姿态。这个过程本身就是一场运动。在这场运动中，双手希望在一个对象上相遇，并找到自己的使命。从这个意义上说，制作工具的人与任何有创造力的人并无二致，他与鞋匠或画家有同等的创造力。但是，这种说法蕴含着巨大的矛盾，因为从存在论角度来讲，工具并不是一个可以被赋形（in-formiert）的对象，而是为其他对象赋形的对象。此外，要生产工具，就必须生产其他工具，这实际上是一种无限的循环。更有甚者，工具和其他工具的工具占据了双手，并对双手提出诸多要求，以至于双手忘记了自己最初的对象。因此，在工具制造现场的逡巡可能会持续数百年（如自现代以来的情况），而那个最初的对象已经消失在双手活动空间的地平线之后。这就是当今工业社会的现状：人们的注意力都集中在工具和生产工具的工具上，而作为"制作姿态"的原初对象被遗忘了。

然而，为什么这构成一种危险呢？如果工具的制作就像人们可以选择的任何其他制作情况一样，如果双手在这种姿态中找到了自己的使命，并通过这种姿态相遇，那为什么要区分最初的对象和由其派生出来的对象呢？答案是：装备了工具的手与徒手不同。工具是对双手的模拟（Simulationen），配备工具的双手则是对工具的模拟。为了理解手通过工具的这种变形所产生的效果，我们必须回到最初对制作姿态的描述上。

这是一种专横的、帝国主义的姿态，它否定了物的世界。但是，这种姿态在伦理上并非消极的，它针对的是物的世界，而这个世界没有价值。物的世界只有通过制作的姿态才能变得"有价值"，是手将价值强加于这个世界。裸露的双手可以用指尖、表面和整个感官感受到对象

5. 制作的姿态

和人的区别：对象是坚硬的、被动的、简单的存在，人则用自己的双手回应那些触碰。手无法捕捉人，因为人会用一种合适的姿态来回应捕捉的姿态。这样一来，手能够在他人身上发现自己。同时，伸出手的姿态与制作的姿态是不同的。当然，手也会犯错，把人误认为物。手能够将他人对象化（verdinglichen），并能使用暴力将那人抓住。但是，原则上，徒手是通过制作的姿态在对象世界中移动，并采用不同的姿态在社会世界①（sozialen Welt）中运动。

然而，装备了工具的手不具有徒手的感觉，它们无法区分物与人。现在，一切都可以被操纵、加工。人变成了物，可以被理解、研究、生产，甚至变成生产其他产品的工具。对于拿着工具的手来说，由于忘记了自己最初的对象，社会性世界不再存在了。它们的制作姿态是无关政治且非伦理性的。有一种奇怪的唯我论支配着被工具武装的双手：它们独存于世界，不再承认其他的手。这是危险的，因为如果没有其他人，制作就是一种荒谬的姿态。因此，制作工具的姿态的危险在于它们忘记了最初的对象，以及随之而来的物和人的区别。

如果最初的对象不曾被遗忘，双手就会带着工具回到它身边，以摧毁它的抵抗。现在，手可以深入对象的核心，并在那里达成一致。这是一个复杂的过程，工具与手一起渗透到对象中，对象在双手和工具的压力下产生了变化。对象由此被赋予的形式和价值不仅因物体的顽固性（Widerspenstigkeit）而改变，也因工具的形式而改变了。如此制作出来的产品，与其说它的形式是双手赋予的，不如说是工具赋予的。其最终得以实现的形式是由最初设想的形式、对象的反抗态度和工具的劳动

---

① 指人类社会活动的总体领域，包括社会关系、社会结构、文化规范、经济活动、政治过程等。简单来说，社会世界是社会生活中所有方面和层面的总和。——译者注

共同决定的。因此,结果将不再是双手的作品。相反,一个新的"第四维度"将出现:价值维度。两只手可以在这个维度上重合。此时,双手回到最初的对象,并最终贯通它。这就是"实现的姿态"(Verwirklichung)。

让我们来看看"制作姿态"所面对的结果。一件作品,它具有两个层面:其一,某个对象变得"有价值";其二,双手"实现"了自己,让某种价值"具象化"。然而,这一作品还有第三个层面:失败,即对象没有成为它该有的样子。这不仅是因为它没有实现本来被设定好的价值,也因为双手没有达成"完全的"一致。这件作品沉浸在挫败的氛围中,导致这一氛围的第一个原因(该原因被柏拉图称为"对真正理念的背叛")是理论上的:最初设想的形式只是一种意识形态。但第二个原因具有真正的实存意义:双手在对象之中无限接近,却永远无法达到完全一致。这是一种临界状态,即在任何时候都不能说作品已经被完成。双手间永远有一段距离,不管这距离有多微小。手与对象的融合,即"完全"状态,总是无法企及。从"完全的完成"这一想象的意义来看,作品永远不会是完美的,制作的姿态是一种没有终结的姿态。

可是,制作的姿态终归要终结。当双手从物品上拿开,摊开的双手(呈现出大角度张开的内部表面)让对象滑入文化脉络时,这一切便宣告了终结。我们知道这种姿态,它是牺牲的姿态,是顺从(Resignation)与分享(Gebens)的姿态:"展示的姿态"(Geste des Darreichens)。这种姿态不是双手对作品感到满意时所做出的,而是出现在当它们知道继续制作也不再能为作品添彩时。当双手无法让作品变得更好,它们就会停止工作。展示的姿态是一种顺从的姿态。

然而,这还不是全部。显然,它虽然是制作姿态的最后一个阶段,但与其他阶段截然不同。制作的姿态是一种憎恶的姿态(Geste des

5. 制作的姿态

Hasses），它建立边界，并排斥、施加暴力及使之改变。相反，展示的姿态是一种爱的姿态(Geste der Liebe)，它奉献、给予、献身。在展示作品时，双手将自己献给他人。它们将自己的作品公之于众。展示的姿态是一种政治姿态和开放的姿态。制作的姿态以向他人张开双手的方式结束。因此，从最终的结论看，制作的姿态是一种对他人的爱的姿态，并伴随着对他人的尊重。双手在对象中寻找整体性却始终未果，这是一种令人失望的爱的姿态，也是一种人类特有的姿态。它试图克服人类的处境并超越顺从，在爱中终结。

6. 爱的姿态

爱的姿态现象学必须应对两种危险,即哗众取宠(Sensationalismus)和谨小慎微(Prüderie)。这两种危险或许是无法避免的,而且它们总会使研究立即沉浸在这一姿态所独有的氛围中,因为与其他大多数姿态不同,爱的姿态并非被习惯遮蔽,而是被压抑遮蔽。我们不关注大多数姿态,是因为我们不关注习以为常之物,所以当我们关注它们时,它们似乎变得新奇且令人惊讶。但是,我们看不到爱的姿态,因为社会压力要求它是私密的,而私密,顾名思义,就是不可见的(Unsichtbare)。如果通过某种反作用力将其公开,它似乎就成了一种有争议的姿态。这显然改变了它的性质,而这(基于反作用力的公开)与表现欲或炫耀无关。在"爱"的姿态中,我们看到了为数不多的姿态中的一例(其他例子包括挥舞国旗和拔刀相向),它们出现在各地的海报、报纸和电视节目上。现象学的任务是展露覆盖这一姿态的表现欲,只有挥舞国旗的姿态才以表现欲为动机。这一姿态是露骨的,现象学的任务就是揭露表现欲姿态背后的表现欲本质。如今,与挥动国旗的表现欲相比,爱的姿态的表现欲展现得更强烈。爱的姿态的表现欲对这一姿态来说,是作为一种"陌生化"(Verfremdung)的效果而附着其上的。现象学通过"去

6. 爱的姿态

陌生化"(Entpornographierung)的方式揭示出处于失落风险的这一姿态的核心意义。

对爱的姿态的任何观察都必须从我们环境中无处不在的、对这一姿态直接或间接的描绘开始。我们实际上就生活在这种姿态的图像中，也就是说，我们的符号化世界就是一个情趣商店(Sexshop)。与其他专门的商店不同，这个符号化世界把爱的姿态作为一种吸引人的手段和工具，以销售与性无关的商品。我们符号的这种泛性(爱)化(Pansexualizierung，在海报和商店橱窗中，所有东西，甚至是汽油和猫粮，都含有性暗示)符合一种辩证法，这种辩证法实际上与爱的姿态关系不大，却会通过复杂的反馈途径影响爱的姿态。虽然符号化的性(爱)化起源于对维多利亚时代"道德主义"的反抗，但它的发展速度太快，以至于自动走向了无效化。据此，为了不至于堕落为无感觉的去性(爱)化，它一方面要持续地高调(Steigerung)，另一方面需要持续地再符号化(Rekodifikation)。与其他大多数姿态不同，爱的姿态几乎没有太多变化(尽管姿态越来越多)。这无疑有助于我们理解这一姿态。比如，我们可以使用多种方式来书写、游泳或唱歌，但爱的表达方式不具备多样性。这也是符号性(爱)化方面的一个问题。为了避免陷入辩证的对立面，这些符号总是要着眼于姿态的变奏。这种方式的高调和再符号化逐渐偏离了这一姿态的本质，即远离了具体经验，朝着技术想象的方向靠近。我们接收到的信息具有性的意义，但这一意义与具体意义的爱几乎无关。通过反馈，这对爱的姿态产生了不可低估的影响。爱的姿态本身变成了技术想象的姿态，即技术的、想象的和符号化的姿态。因此，爱的姿态成为将科学技术理论与手工业(实践)的经验相关联的技术问题。甚至可以说，爱的姿态是绝大多数人既运用科学理论，又积累经验的少数姿态之一。这样一来，爱的能力就丧失了。

当然，我们也可以在观察爱的姿态时，将性（爱）化符号的整体复杂性排除在外，以便专注于姿态本身，因为它在实际经验中似乎本就如此。然而，这一努力注定失败，因为我们不可能将个人经验从社会规划中分离出去。人们不断被提醒，爱的姿态应与生殖的姿态泾渭分明，特别是对女性来说，避孕药就是基于分离而采取行动，并最终呈现出真正的爱的姿态。这是正确的，但并不全面。同样重要的是性的姿态与爱的姿态的区别。在这里，我们赖以生存的符号化程序发挥了重要作用。坦率地说，我们被设定了（程序化的）繁衍姿态和性的姿态，但爱的姿态并没有被程序化。尽管我们还能时不时地做出爱的姿态，但那是孤例，与我们所处文化中广泛的性化程序形成了鲜明对比。

将"爱"的姿态从与性和生殖姿态的纠缠中解放出来，其难点并不仅仅在于姿态本身作为具体事实的复杂性，而首先在于语言依据。"爱"这个词被不严谨地用来同时指称这三种姿态，因为我们在失去爱的能力的同时，也失去了准确思考爱的能力。例如，希腊人的词语中有许多区分爱的概念，如"爱欲"（Eros）、"友情"（Philia）、"魅力"（Charisma）、"共情"（Empathia），而我们最多只能区分性爱和非性爱。这种区分往往导致爱的概念在实际上进一步被稀释（淡化），因为当人们说性解放允许"恋爱自由"或者"要做爱，不要作战"[①]（make love, not war）这样的口号时，以及将"性高潮"而不是爱国主义变成一种政治程序时，他们就已经在潜意识中不自觉地将性与爱等同而论了。这种等同视之是错误的，它在具体的经验中并不明确。即使我们没有爱的体验，我们也可以拥有性体验；反之亦然，我们没有性体验，也可以体验

---

① 这是一个反战口号，最早在20世纪60年代美国的反越南战争运动中流行起来。这个口号主张以和平、爱的方式解决冲突，而不是通过战争和暴力。它反映了和平运动的理念，鼓励人们以更具建设性、更积极的方式来处理分歧。——译者注

6. 爱的姿态

爱。当观察到这一姿态的符号化属性时,我们同样可以清楚地看出将性与爱等同视之是错误的:它几乎排除了所有爱的姿态。性姿态已然成为技术想象之物,就像对许多人来说,"菲勒斯"(Phallus①)已然成为生殖器的象征。如此,在这样一个高度符号化的性的世界中,留给爱的空间已荡然无存,而爱的姿态只有在与性的姿态对抗时才能得到凸显。尽管这种文化境况在历史上可能并非孤例(人们会想到卡图卢斯的抒情诗②),它却是当前现实的特征。

尽管我们必须区分性与爱,但无法回避这两种语境之间的密切联系。如果否认这种联系(而且它会在两个方面同时发生,如西部片中道德说教、无能为力的一面,以及诸如冰箱广告中色情的、商业性的一面),性与爱就都被丢失了,因为与爱完全分离的性,如在色情电影中,会让人联想到苦役般的那种可笑的、令人厌烦的机械运动。与性完全分离的爱,就如同背诵经文与真正的信仰之间的关系,是与真正的爱没有关系的、甜蜜的虚情假意。因此,我们应该将以下事实视为人们目前所处境况的一个特点:尽管我们可以将生殖的姿态从这一语境中移除,尽管性姿态已过于符号化,但事实是,生殖的姿态并非与爱的姿态以相同的方式发挥作用。换句话说,要获得真正的爱,我们必须做出性的姿态,哪怕这些姿态在技术想象中与爱的姿态相矛盾。这种做法已然说明我们正处于丧失了爱的能力的境况中。

有人可能会提出反对意见,认为上述讨论涉及的是理论观察,而非

---

① "Phallus"一词最初来自古希腊语,原意为阴茎。在古代宗教和仪式中,它作为一种符号,表达对生殖和丰饶的崇拜,从而与生育、性活力、幸运、守护等概念相关。——译者注
② 盖乌斯·瓦勒里乌斯·卡图卢斯(Gaius Valerius Catullus)是罗马共和国末期的一位诗人,以简洁、情感强烈的诗歌而闻名,被视作拉丁语文学世界中最伟大的抒情诗人之一,对后来的诗人及文学产生了深远的影响。——译者注

现象学观察,而且毫无疑问,爱就存在于性爱的姿态之中。他们会说,在理论上不可能被区分的爱与性,实际上可以在性爱(sexuelle Liebe)中被具体体验。在性爱中有一个倒转(Überschlagens)的瞬间,虽然它与性高潮相关,却发生在另一个存在维度。在这个瞬间,人完全沉浸于他人而不失去自我,并且这一刻就是爱。在爱的存在维度上,向另一个人的倒转使"我"和"你"变成了"我们"。这一倒转是通过性高潮,即在性达到顶峰之时出现的。然而,这种倒转使两个人结合在一起,在这之前和之后他们都可以没有任何性行为。如此看来,爱的姿态似乎是一种利用性行为的姿态,就像绘画的姿态利用画笔一样。我们并不是说画笔对绘画不重要,毕竟画笔形成了绘画的特征,而且如果没有画笔,绘画就是空谈。尽管如此,画笔与绘画并不处于同一存在维度。正如有人反对的那样,这在理论上是困难的,但在现实中却是不言自明的。

不过,上述反对意见是站不住脚的。如果说这种说明似乎是理论性的而非现象学的,那是因为爱的姿态这一具体行为本身被普遍理论化了。可以说,当我们在爱的时候,我们在观察自己,就像我们在其他所有姿态中所做的那样。这种理论上的矛盾距离对于姿态和整个人类存在来说都是典型的。然而,这种纯粹(Naivität)的缺失表明,爱的姿态具有与其他所有姿态完全不同的属性。如果说其他的姿态提供了一种批判的距离,并且能诱使姿态完善,那么在爱的姿态中,它对被他人同化(沉浸于他人)的这一姿态发挥着破坏性作用。也许,"原罪"就是指这种对爱的批判性距离。但无论如何,对爱的姿态的所有现象学观察必须首先考虑到这一理论方面,所以它必须具有自己的理论特征。因此,"爱的姿态"在本质上可以被称为"颠覆理论的姿态"。在爱的姿态中,人类尴尬地意识到自己在理论上的异化。同时,人类为克服这种

6. 爱的姿态

异化所做的最成功的努力也要归功于爱的姿态。夸张一点地说，爱的姿态是我们最具体地融入世界的姿态，所以它在我们的生活中占据着最核心的地位。

奇怪的是，爱的姿态根本无法用肢体运动来描述，因为如果你尝试这样做，你会突然发现，你描述的并非爱的姿态，而是性的姿态。从另一个角度来看，任何试图描述这种姿态的具体体验的尝试也同样注定失败，因为如果你尝试这样做，你会突然发现，你描述的是一种神秘的体验。当然，也有可能像瑜伽书籍那样，通过将性姿态描绘为一种神秘体验的技术来规避这一困难。但是，这种说法只会加深人们对瑜伽书籍的不信任，而不是更好地理解爱的姿态，因为人们并不会因为掌握了性姿态的技巧而更接近爱，反而可能会远离爱。以此类推，我们可以得出这样的结论：完美的瑜伽技巧可能不会让人开悟。不过，在不可能再现的姿态中，还有更多值得我们思考的东西。

问题大概是这样的：人类是一种本能比较弱的存在，所以人类自身在遗传上没能程序化的东西会通过姿态得以表现。但很明显的是，对人类来说，尽管其行为在很大程度上已经以文化的方式被重新程序化，但他们还是具有本能行为。最引人注目的一种行为模式就是性本能，以至于我们的许多心理学家都认为它是一切行为的基础。人类的性本能在文化上被重新程序化为性姿态等，后者可以被机械地描述出来。除此之外，人们还围绕这种本能建立了一整套程序，我们可以从心理学、精神分析学和类似的著作中了解到这一点。这种程序反过来又导致了完全不同的姿态，这些姿态也可以被机械地描述出来。然而，人类并不是完全被程序化的。人类可以自己放开手脚，超然地摆脱所有的程序。这种"超然性"（Gelassenheit）不是一种姿态，而是一种顺从；它不是一种行动，而是一种悬置。显然，这种情况很难机械地描述出来。在爱的姿态中,这种顺从和激情参与其中,成为行为(Tat)与行动(Aktion)。这也许正是我们无法通过描述来获知姿态本质的原因。

虽然我们既不能将爱的姿态描述为身体的运动,也不能不失本质地将其描述为内心的体验,但我们仍然可以利用这种不可能性来认识爱的姿态。例如,我们可以说,爱的姿态的本质特征是作为神秘(Mystik)的性体验和作为性体验的神秘。没有性的神秘就不是爱,就像圣特蕾莎①的部分经历一样,无论怎么性爱化它,都无法掩盖没有性的神秘就不是爱的事实。然而,就像我们从自己的经验中知道的那样,没有神秘的性就不构成爱。因此,我们得出的结论是,世界普遍的性爱化只是我们丧失爱的能力过程的一个侧面而已,另一方面则是我们世界威胁性的泛神秘化(Panmystifizierung)。基于此,我们必须要求的是将性神秘化和将神秘性爱化,以此来寻找具体的体验。

当然,这是无稽之谈,因为爱的姿态的一个显著特点恰恰是人不能想要它——如果人们想要爱的姿态,那么它最终将归于意志的问题。正如英语中所说的那样,人们必须让自己坠入爱河。爱的姿态不是在程序中发生的,而是超越程序,也因如此,它无法将自身程序化。但奇怪的是,这并不意味着爱的姿态是自我训练的结果,而意味着它是自由行动的结果(Sichgehenlassens)。因此,爱的姿态是与限制(Beschränkungen)和所谓的"忠诚"(Treue)联系在一起的。不过,对这些限制性的思考并不在本文的讨论范围。

性与爱模糊的边界是我们境况的特点,这使我们很难看到两种境

---

① 圣特蕾莎(Saint Theresa)是一名西班牙修女,以虔诚和改革天主教会的努力而著名。她在1614年被教会封圣,并在1970年被教皇保禄六世封为教会的"圣师"之一,成为首位获此殊荣的女性。——译者注

6. 爱的姿态

况之间真正的密切关系。技术想象符号①为我们程序化了性的姿态,但我们常常将性与爱的姿态混为一谈。性膨胀贬低了性的价值,爱的姿态的价值也因此被贬低了。我们逐渐失去了超然性所需的纯真,所以变得越来越技术化,富有虚拟性和批判性,也越来越难以达到爱的姿态的基本要求。这是个人和社会的悲剧,因为爱的姿态是我们在他人身上迷失自我(被同化)和征服异化的途径。没有爱的姿态,任何交流(kommunikative)姿态都是错误的;或者按照早先的说法,爱的姿态是一种原罪(Sünde)。

---

① 弗卢塞尔将合成(创造与解读)图像的新想象力称为技术想象力。这种技术想象力是将前历史时代的"魔术(魔法)性想象力"和历史时代的"文字理性"合二为一。换言之,技术图像的发明是为了再一次让文本能被人理解,所以它必须再度充满魔法,以克服历史时代的危机。——译者注

7. 破坏的姿态

姿态是表达此在①向外呈现的身体运动。通过姿态,我们可以看到一个人在世界上的存在方式。事实上,这种观察之所以可行,是因为一个做出姿态的人确信自己可以自发地运动,尽管他知道自己的运动与其他的所有运动一样都是有条件的。对人们来说,原因的说明(因果关系)并不能令人满意(不能得到充分说明)。尽管(从科学的角度)我能够一一列举抽烟(斗)的原因,但并不能确认我为什么不抽烟而改嚼口香糖。如果我问为什么我要抽烟斗,我问的并不是原因(寻找因果关系、科学说明),而是在寻找激发我行为的动机。因果说明"解读"的是我们所处的世界,动机则说明"解读"是我们在其中的存在方式。动机和决断都超出了科学的说明范畴。姿态无法得到充分的科学说明,所以这一事实让姿态中的"此在"得以被"解读"。

---

① "此在"(Dasein)在这里不同于形而上学的存在"Sein"或本质的存在("Sosein""Wassein",指属性,即事物存在的独特性,指向"是什么",即性质、特征及事物表现出来的存在方式),而是意味着事物占据时空性场所(Da)的存在。它包含存在的方式、存在的意义及存在的问题。对于海德格尔来说,"Dasein"是存在的特殊形式,特别指人存在的方式。人的存在不仅是一种物理存在,更是一种能够询问存在意义、理解和解释世界的存在。——译者注

7. 破坏的姿态

破坏的姿态是对"恶"(Bösen)发出提问。这不是探讨所谓"毁灭意志"(Zerstörungswillen)是否存在的科学问题,它是一个非科学的问题,关注的是毁灭意志作为自由选择的动机。这个问题涉及的不是人们"常常说的恶",而是本来的、伦理意义上的"恶"。

这个问题出现在德语中,对我们的讨论有利有弊。德语是一种西方语言,但与其他拉丁语系的语言不同。在德语中,"Zerstörung"(破坏)和"Destruktion"(解构)①的含义并不完全相同。这种差异丰富了我们的对话,也使对话变得更加复杂。相比之下,"Destruktion"更接近"拆除"或"损坏"的意思,"Zerstörung"则更接近"清除(障碍)"的意思,因为"Zerstörung"否定了"Störung"(妨碍、干扰),而"Destruktion"否定了"构成"(Struktion)。只有当"妨碍"和"构成"相同时,"Zerstörung"和"Destruktion"才能同义。关于"恶"与"Zerstörung"或"Destruktion"是否有关,以及在多大程度上相关的问题,我们将通过两个具体的例子来探讨。

一名囚犯绕着牢房的四壁行走,必然会撞到墙壁。这种撞击虽是暴力的,却不能被视为一种姿态。他在绝望中用拳头击打墙壁的情况也是如此,哪怕其中一拳击穿了墙壁。在这样的行动中,我们更多是在处理与墙壁碰撞时的条件反射。如果囚犯决定检查墙壁是否有裂缝,以便破墙而出,那么这个行动就必须被称为破坏的姿态,即使它没有对墙壁造成任何实际影响。将姿态与其他行动区分开的不是(结果的)有

---

① "Destruktion"和"Zerstörung"在德语中均可表示破坏或毁灭。"Zerstörung"是由表示妨碍、搅乱意义的"störung"和表示分离、解散、破坏意义的"Zer-"组合而成。"Destruktion"则由表示"结构、构成"意义的"struktion",以及表示"分离、反对、去除"意义的"de-"组合而成。所以,"Destruktion"在这里被翻译为"解构","Zerstörung"被翻译为"破坏"。在海德格尔的著作中,"Destruktion"表示对传统哲学观念的解构和重新审视,而不仅是摧毁或废弃。——译者注

效性，而是行动表达出了何种决定，以及这一行动在现实伦理维度中的现象，即存在的表达。简而言之，它们是为行动"赋予动机"。

　　这个例子涉及一个决断：这些墙壁让我感到不安，因此无论可能或不可能，它都应该被毁掉。这个决断就是姿态的动机。从理论上讲，它可以从姿态中被看到。很明显，破坏性的姿态类似于劳动的姿态。所谓的劳动，其动机在于决定使某物与其本来面目不同，因为其本来面目不是它应有的样子。无论是破坏还是劳动，前提都是认定某物未处于其应有的状态。但与劳动不同，破坏不是要让物的状态变得不同，而是要彻底摆脱（除掉）它。它不仅否定了对象的存在方式（本质），也将对象本身作为障碍而否定了它。因此，我们可以认为破坏比劳动更为激进。然而，这是一种错觉。它相对不那么激进，因为它的决断并没有触及"不应如此"（Nicht-sein-sollen）的根源。对于破坏来说，它不存在当为（义务）模型。劳动是革命性的，它用应该如此存在之物取代不应如此存在之物。破坏则非革命性的，它是否定的，但不是辩证的。以破坏的姿态表达的"此在"不如以劳动的姿态表达的"此在"激进。

　　在刚才的例子中，"破坏"和"解构"是一致的。如果要破坏墙壁，那么囚犯必须将堆砌墙壁的石头"解构"。这堵墙让他感到不安，因为石头堆砌的方式剥夺了他的自由（或任何被关在其中的人的自由）。不过，尽管囚犯的姿态既是破坏性的，也是解构性的，但我们并不会立即感觉到它有什么邪恶之处，因为这个姿态的意图超越了破坏与解构（如逃离牢房）。这一姿态的动机，是以自由之意图破坏墙壁。这并非恶的姿态。对于这一点，我们应从超越姿态的意图中加以理解，而非从姿态本身去理解。

　　第二个例子是这样的：假设有一位国际象棋的棋手正处于战况上

7. 破坏的姿态

无望的局面,如果他过于紧张以致打翻了棋盘,那么这只是紧张情绪控制下的行动,不能被理解为破坏性姿态(zerstörerische Geste);相反,如果为了避免预料中的或常规性的失败,他决定掀翻棋盘,那么这个姿态必须被称为破坏性姿态。后者的特点是,它是棋局中的"一个行动",并非"一个意外"。比如,它不是像棋手紧张到打翻棋盘那样的与棋局有一定关系的随机事件。这种破坏的姿态不是"系统故障"(纳粹主义就不是),而是一种伦理现象,即一种"有动机的"行动。无论是偶然性还是必然性(我们知道它们处于同一现实层面),自由才是破坏性姿态等伦理现象发生的框架。

掀翻棋盘是棋局中的一个"行动",是游戏世界中可以做出的一种姿态,但这是违反规则的"行动"。因此,破坏者不是"不再下棋"的人,而是决定违反规则且继续下棋的人。只有这个决定说明规则在妨碍他。如果他真的不再继续,那么规则就妨碍不到他。他决定破坏令人不安的规则(掀翻棋盘以避免即将到来的失败),正是因为在作出决定时他仍在游戏中。

在这个例子中,"破坏"和"解构"并存。"破坏"(Destruieren)的意思是摆脱使事物井然有序的规则,从而使这些事物分崩离析。掀翻棋盘并没有导致类似的事情发生,这个行动并没有破坏国际象棋的规则,反而是通过不遵守规则确认了规则(它破坏了规则,就像小偷确认了法律一样)。破坏者(野蛮人)并不必然是破坏性的,相反,他们可以产生建设性的作用。当日耳曼人摧毁罗马帝国之时,他们将罗马帝国的规则(结构)转移到其他领域,如教会。如果破坏性精神(如犬儒主义者①或伊

---

① 犬儒主义(Cynicism)是古希腊的一种哲学思想,其创始人是苏格拉底的弟子安提斯特尼(Antisthenes),最著名的代表人物是第欧根尼(Diogenēs)。犬儒主义者认为,幸福的生活是自然而简朴的,不受物质财富、社会地位和名誉的影响。他们主张回归自然,(转下页)

壁鸠鲁派①）获胜，帝国实际上就不会被破坏，而是会被解构。破坏者将妨碍之物破坏，而解构者将系统解构。破坏者是小偷，解构者则不同，他们并不否认法律。破坏者是受挫的保守派，解构者是受挫的革命者。

　　棋手掀翻棋盘是因为他害怕输掉棋局，他采取违背规则的"行动"动机是避免失败。他的意图是中断棋局，使之四分五裂，他是"有意图地"掀翻棋盘。正因如此，这个姿态并非邪恶的，也不是"恶魔般的"（diabolisch），哪怕它带有"恶魔般的"一词的原义：向四方分离（auseinanderwerferisch）。当一个人连下棋的两个人是谁都不知道，对棋局也漠不关心，却将棋盘推翻，这才是邪恶的。这一姿态的动机在于决定中断一场无趣的比赛，它是没有意图（absichtsolos）的姿态，其动机是"纯粹的"（康德意义上无关心的自我满足②）。这一姿态尝试破坏的及触发这一姿态的，不是游戏的某个特定状态，也不是游戏规则（如在解构的情况下），而是行动被规则支配这一事实。这个决定并不意味着

（接上页）追求道德和精神上的完善，反对当时社会追求的财富、权力和个人享受。犬儒主义对后世影响深远，其思想渗透到基督教的苦行传统中，也对现代的一些哲学思想和社会运动产生了影响。犬儒主义在后来的发展中也有所演变，特别是在现代，这个词有时被用来形容持怀疑态度或愤世嫉俗的人，与原始犬儒主义的思想有所偏离。——译者注

① 伊壁鸠鲁派（Epicureanism）是古希腊的一种哲学流派，由伊壁鸠鲁（Epicurus）在公元前307年左右创立。伊壁鸠鲁哲学的核心是追求人类的幸福和避免疼痛，其哲学思想强调个人快乐和宁静的生活。伊壁鸠鲁派的思想在古罗马时期非常流行，但在基督教成为罗马帝国的国教后，伊壁鸠鲁主义逐渐衰落。尽管如此，伊壁鸠鲁派的思想对后来的哲学家和思想家产生了深远的影响，特别是在个人幸福和道德哲学方面。——译者注

② 康德伦理学理论中有一个概念，有时被解释为"无关心的自我满足"（selbstgefälltheit），不过这个表述并非康德直接使用的术语。康德讨论了人类行为的道德性，特别是行为背后的动机。他认为，一个行为的道德价值不在于结果，而在于行为者的动机。他提出了一个著名的道德法则，即"人类行为的最高准则应该是能够成为普遍法则的行为原则"。这意味着，一个行为只有在行为者出于义务感和尊重他人的理性存在而采取时，才具有道德价值。因此，在这个框架下，如果一个人的行为是出于自我满足或个人愉悦，而不是出于对道德法则的尊重，那么这种行为在康德看来就是不道德的。——译者注

"这些规则令人困扰(stören)",也不意味着"这些规则是错误的";相反,它意味着"这个游戏令人困扰,因为它有规则"。所以,不是"制定了(规则),但令人困扰",也不是"(规则)制定得不好,所以令人困扰",而是"制定了(规则),因此令人困扰"。这是"纯粹的恶",这种恶并不常见,因为它是不人道的。也就是说,因为它与意图无关(unabsichtlich),所以它是一种只有纯粹动机的姿态。

虽然一个人事实上完全处于世界之中,却以一种与世界分离(对面而视)的方式存在。对人而言,作为环境的世界是一个客体。这使他可以通过姿态的表达做出行动,以主体的身份行事。世界从根本上说是熵增的。根据热力学第二定律,世界整体上朝着盖然性(Wahrscheinlichkeit)不断增加的方向发展。世界会逐渐失去原有形式,日趋混乱、无序,因为形式是非盖然性的,是一种不安定的、意外的状态。并非例外证明了规则,而是规则证明了盖然的偶然。这种指向盖然性的倾向(偶然成为必然)是"客观性的时间",而正因如此(如放射性元素的衰变),我们才能"客观"地测量时间片段。

作为"在世存在"的人类受制于熵增的趋势(如人向死而生),但作为一个主体,作为一个伦理行为者,他会对抗这种趋势。他通过在自身周围建立规则并使事物井然有序,即"创造",来否定这种趋势。被创造出来的可替代性世界(文化)并非必然的。我们所称的"人类精神"就是这种"非盖然性"(Unwahrscheinlichkeit)。"被创造之物"(Hergestellte)使我们得以自由,因为它偶然地将赋予人类的必然推向地平线(远方),而且不论偶然还是必然,都不允许(人)作出决断。然而,被创造之物同时也成了障碍,因为受制于规则,决断的余地是有限的。被创造之物成了障碍,所以就存在破坏者。所造之物是非盖然性的,并且它们以不同的形式被创造出来,所以就存在解构者。这就是人类的属性:意图是自由的。

但是，因为某物是被生产出来的就判定它成了妨碍，这是不人道的。在生产过程中，人类的精神与世界的非精神（Ungeist）结合，背叛了人类精神反对非精神的承诺。在这样的行动中，人类的精神动机是纯粹的，因为它没有任何意图。在所做的事情之外，在非盖然性与盖然性之中，人们无法"预见"（abzusehen）任何东西。这就如恶魔一般，是纯粹的恶（pure Bosheit）。

观察破坏的姿态能让我们思考恶。它能让我们避开那些声称"破坏和解构是邪恶的"人所设置的陷阱。我们可以放心地无视这些道德主义者，因为他们的判断是"那些东西是被造之物，所以它们是好的"。他们所拥护的并非精神，而是创造之物中僵直的精神，是精神的尸体。从根本上说，他们的判断是"扰乱和破坏是邪恶的，因为它们妨碍了我"。然而，只要有意图，扰乱和破坏就不是邪恶的：有意图的破坏是受挫的保守主义；有意图的解构是受挫的革命。当它们不谋而合时，其结果就成为受挫的劳动。从这种姿态中，我们可以读出一种失意，也就是一种表象的、不彻底的、"不真实的"此在。这种破坏与解构虽然是虚假的，但并非坏的。如果它成为真正的劳动姿态的一个阶段，那么它就成为"真"的，因为劳动也总是意味着破坏和解构。在真正的、革命性的劳动姿态中，区分假的破坏与解构虽然是艰难的，却是重要的课题。例如，区分废墟与被拆除的房屋或区分怀疑论者（Skeptiker）与推翻革新这一命题的学者（Wissenschatflter）是一样的。

然而，对破坏性姿态的观察还能让我们避开将所有东西都相对化的那些人所设置的陷阱，即认为恶是平庸的。我们也可以放心地忽略这些非道德主义者，因为这些人错误地将恶理解为是自身能力不足所导致的，从而自动地摒弃了人类的尊严。以纯粹的、无意图的破坏和解

7. 破坏的姿态

构的姿态,在纯粹的动机中背叛精神(对形式与自由),虽然少见,却是存在的。从这种姿态中,我们能解读出作为在世存在的恶的"此在",以及作为纯粹的、根源性的恶的"此在"。魔鬼是存在的。

当破坏与解构有意图地发生时,当它们是"实用主义的"时,它们的动机就是"不纯"的,所以它们不是"纯粹的恶"。"非纯粹的恶"不过是对自由的受挫的追求。然而,当它们是"无意图之"时,当它们被"纯粹的动机"驱动时,它们就是恶的。这种情况很少发生,因为它是不人道的(令人遗憾的是,"纯粹的善"也是如此)。此时,破坏与解构是可怕的。

8. 绘画的姿态

如果你观察一位画家的创作,那么你似乎在观看一个过程。在这个过程中,各种物体(画家及其工具、颜料和画布)以某种从根本上说难以观察(undruchschaubare)的方式运动着,最终"产出"一幅画作。然而,正如前面所说,你感觉你无法理解这个过程。因此,在可见的动作背后,你会投射出一个无形之物的更深一步的无形运动,也许是"画家的意图"或"绘画的理念"。这种理解绘画的路径(可以作为西方世界观的一个范例)是我们面对正在观察的现象时较为熟悉的方式。困难就出现在将"理念"等同于"绘画",或将"主体"等同于"客体"(或者随便怎么称呼这一恶名远播的辩证法的对立两面)上。但是,逐渐增加的怀疑和真正的困难不在于此,而是我们或许在应对一个没有被正确地提出的问题,因为有待说明的现象没有得到正确的观察。这一猜测是在观察绘画行为时出现的,人们实际上并没有看到他认为自己看到的东西。这是一个冒险的论断,难道只要有一次正确地观察绘画的行为,就足以消除几个世纪以来被宗教、哲学和意识形态奉为圭臬的"身体-灵魂"或"精神-物质"的问题吗?是的,如果成功,这就足够了。问题在于:如何才能真正正确地观察事物?人们能不带任何先见(刻板印象)地去观察

8. 绘画的姿态

事物吗？人们难道不总是看到他们相信看到的东西吗？因此，在开始说明绘画之前首先要正确地观照绘画，这种乍看上去好像是平庸、想当然的要求，但如今看来则是不可能的了。真理就在两者之间。要求我们不按照支配自己世界观的方式去看虽然十分困难，但也并非不可能。有一些方法可以摒弃观察中的偏见，即使这些偏见深藏于观察者的内心。有这样的方法，而且随处都在被使用。这正是西方视角处于危机的征候。

当你观察绘画行为时，你看到的是共时的运动，如"绘画的姿态"（Geste des Malens）。简而言之，这一运动的最基本的层面是"某物"在运动。一旦你试图为"某物"命名，你就会陷入困境，因为你看不到画家是如何移动身体的，你只是以为自己看到了。你看不到画家的身体，更看不到身体正在移动的画家。你看到的是一个或许可以被称为使"手-笔"移动的肢体，一个可以被称为"右脚"的移动的肢体，以及使两者协调运动的其他身体部位。然而，面对这些部位，我们无法更正确地命名它们。我们相信自己看到的是手脚"同属一体"，而笔是后来出现的。我们相信自己看到了这一点，因为我们相信自己知道这一点。事实上，我们看到的是手和画笔"同属一体"，脚的运动如同工具，承担着"手-笔"连接的功能。我们不允许自己看到这一点，因为我们认为自己知道的才是更好的。我们认为自己知道画笔（而非脚）才是隐形画家的工具，我们相信自己知道脚是身体的一个器官。我们终是一无所获。

我们要真正地看到绘画的姿态，首先要做的就是摒弃姿态中涉及的身体活动的清单。事实上，这种目录是"形而上学"（metaphysisch）的，因为它假定身体位于姿态之外且只在姿态之内运动。如果我们尝试提出某种目录并使用它，就会发现上述现实。例如，画家的身体、画笔、油画颜料、画布。姿态可以分为以下几个阶段。

（A）画家打开颜料管。我们看到两只手、一个颜料盖、喷涌而出的颜料，以及一些只是间接参与这一姿态的肢体。这双手、颜料盖和颜料都是清单中没有预想到的。

（B）画家将画笔沾上颜料。我们看到了一个在清单中没有出现的名为"手-笔-颜料"的肢体，以及处于这一情境边缘的肢体。这部分肢体充其量只能被视为清单预料之外的多余部分。

（C）画家点染画布。笔尖触碰画布的那一点位于情境的中心。围绕着这个中心，可以看到无数极其复杂的运动阻挡了我们识别身体的努力。之前的清单比没有意义更加糟糕。说它毫无意义，是因为它妨碍了我们分析姿态的各个阶段（将它们拆解成肢体）；说它比毫无意义更糟糕，是因为它将各种因素投射到观察中，而这些因素倾向于将我们观察到的姿态强行塑造成姿态本身并不明显的形式。显而易见，任何关于身体的清单都是观察者在观察姿态之前就已经看到的概念清单。这是一份有偏见的清单：不可见的画家，他不可见的精神与意图，以及有形的肢体、画笔和油布，共同构成了观念上的偏见。我们要真正地看到绘画的姿态，就必须放弃借助身体去分析姿态的努力。在西方传统面前，这并非易事。但唯有如此，我们才能开始根据完全的姿态，即可以被实际观察到的阶段，来分析姿态。

在这样做的过程中，我们会惊讶地发现，绘画的姿态显然是一种有意义的（bedeutungsvoll）运动，是一种指向（deutet）性的运动。比如，我们似乎事先就知道它指向的是待画之画。这不就是它被称为"绘画的姿态"的原因吗？但是，我们仔细观察这个姿态就会发现，这种理解并没有像身体概念那样对观察起到补充作用，相反，姿态的意义可以从它的每一个阶段中看出来：每个独立的阶段都指向待画之画，并通过待画之画变得有意义。无论是打开颜料管，还是移动右脚，都指向待画之

8. 绘画的姿态

画,我们无需待画作完成就知道这种姿态指向画作。可以说,绘画既作为一种趋势包含在每个独立的阶段中,又作为一个整体包含在姿态中。我们之所以确信这一点,并不是因为我们事先假定了这一点,而是因为它就在眼前。而且,我们是在开始观察的那一刻就确定了这一点,而不是分析姿态之后才知晓。因此,对姿态的任何分析都必须以我们关注的是一个有意义的移动这一事实为出发点。

这就规定了一种分析方法:将运动与先前的运动联系起来以阐明一个运动何以引发另一个运动的因果说明,并不能说明运动的指向。对运动指向的理解并不能基于原因分析,只能以了解其目的为前提。我们的解释必须将运动与其未来联系起来。待画之画就是姿态的意义,也是姿态的未来。一个人如果要理解姿态,就必须立足于未来。因果(科学)说明有帮助,但还不够。因果(物理学的、生物学的、生理学的或社会学的)分析将绘画的姿态说明为一种运动(如"落石"或"蠕虫爬行"之类),这并未触及其本质,因为作为一种有意义的运动,绘画姿态虽可通过罗列原因得到详尽的说明,却并不能令人满意:它是一种"自由"的运动。"自由"的意义在于,只有通过它的意义、它的未来才能得出令人满意的解释。我们必须从这里入手:我们面对的是一种自由的运动,从现在延伸到未来。也就是说,我们应该从姿态这一事实出发。

为了解释人们实际看到的东西,对姿态的任何分析都必须是对意义的分析。其方法必须是解码的方法,即把姿态拆解为其意义的要素。我们可以说,姿态的某一特定阶段意味着画布上的一笔,第二个阶段意味着画布对笔触的抵制,第三个阶段意味着对抵制的克服。当然,我们也可以将这三个阶段描述为身体的运动,分别是画笔的运动、画布的运动及脚远离画的运动,但这样的描述就像在文本分析中将字母 O 描述为圆形,将字母 X 描述为十字形一样。对姿态的充分分析由有意义的元素（字母）组成，并且这种分析承担着破译（解码）姿态的任务。这种符号学分析与因果分析的主要区别在于分析者对分析对象的态度。对分析者来说，以因果分析审视的现象是一个可以通过列举原因来解决的问题（Problem）；从语义学角度分析的现象则是一个谜（Enigma），一个通过破译才能解开的谜题。就绘画姿态而言，姿态本身就要求分析者采取后一种立场。他必须将姿态视为谜题，因为因果分析不足以说明姿态。这一姿态不仅制造问题，而且本身就如谜题一般：它谜题般的一面不仅源于观察者武断的态度，更是强加于观察者的。这个姿态是意味着自由的运动。

在开始破译姿态，解开其谜题时，我们可以清楚地看到姿态有诸多"可读"的维度，而且它们按照等级排列。例如，有一个维度具有"笔触"的意义，在它下面的一层维度含有"色彩构成"的意义。绘画姿态之谜可以在不同的语义维度上得到解决，而每一个维度都会产生另一种解读方式。分析者能够区分的维度越多，协调这些维度的能力越强，姿态的含义就越丰富。这就是语义学方法的特点，即允许现象在分析过程中展开其意义。通过分析，意义变得更加丰富。这也是语义分析与因果分析的区别。分析问题是为了看透问题，从而摆脱问题。被解决了的问题就不再是问题。分析谜题则是为了进入谜题，但谜题被解开之后，它仍然是谜题。分析绘画姿态的目的并非将绘画排除在外。相反，它要求这一姿态更加深入绘画之谜，以从中获得更丰富的体验。

因此，对绘画姿态的分析本身并不是一种来自外部、指向绘画姿态的姿态。相反，它本身就是被分析的姿态的一个构成要素。绘画的姿态是一种自我分析的运动。我们可以从姿态的一个维度来观察它的自我分析。姿态的特定阶段，如从画布后退的一步或某一个眼神，意味着自我批判和自我分析。形而上学的概念，如"画家的精神"，以某种方式

8. 绘画的姿态

盘旋在姿态之上，但它对解释这一阶段并无帮助（尽管这些概念可能深深扎根于我们的思维习惯，扭曲了我们的观察）。必要的概念可以从姿态的实际形式中显示出来。姿态的自我批判维度与所有其他意义维度紧密协调，以至于整个姿态都浸染了自我批判的意味。从这个意义上说，姿态的每个阶段都是自我分析的。姿态不仅从现在延伸到未来，而且还将预期的未来带回到现在，并重返未来，即姿态不断检验和重新设定自身的意义。

这就是说，姿态向分析姿态的人表明，如果他想解开谜题，就必须进入姿态。对姿态的理解必须是对自我的理解。这也告诉我们，我们正在处理的姿态是一种自由的运动，因为只有通过个人对现象的参与，而不是通过对现象的外部观察，才能理解自由。要想分析绘画的姿态并理解它，我们就必须亲身参与其中。

虽然真正的分析必须进入姿态，由内而外地揭示姿态和自我，但这种分析仍有"超越"姿态的方面。从更为宽泛的语境来看，如在由所有可观察的姿态汇集而成的"历史"语境中，存在着可解读绘画姿态的意义的维度。然而，即使是这一维度也并非真正外在于姿态，因为不仅姿态存在于历史，历史也存在于姿态，姿态具有的历史意义不仅是因果关系上的，也是语义层面上的。如此，对于姿态的分析本身就是一个具有历史意义的历史活动。历史浸染了这一姿态，也为在这一层面被解读的姿态所浸染。本文的目的之一，就是要明确一点：在分析姿态时区分"内在"和"外在"的意义不大，而且会导致混乱，理解姿态的更优策略是放弃这种区分。

我在文章的开始提到了西方世界观。我的意思是，西方人倾向于把世界的现象看作合成过程，看作原本以某种方式单独存在的元素的组合。例如，水是氧原子和氢原子结合在一起的过程，人的姿态是精神和身体的组合,绘画是画家和材料的组合,对绘画姿态的分析是分析者和姿态的组合。我在一开始就声称,这种方法会越来越难以为继,因为它将明显地导向棘手的(因此很可能是错误的)二元对立。然而,放弃这种思维方式同样是困难的,因为它在我们的思维模式中根深蒂固,以至于我们在观察现象时甚至意识不到它。

当我们观察水时,我们看到的是水,而不是氧原子和氢原子的相互作用。原子是分析的结果,所以它们是在水"之后"出现的。它们是由水推断而来的。这并不排除我们在某些情况下可以观察到原子本身或原子合成水的过程,但在关于"水"的具体经验中,原子确实遥不可见,只是对水这一具体现象的补充"说明"。当我们把注意力转向人类的姿态等现象时,我们将具体现象分解并抽象化的倾向更加明显。我们看到的并不是身体和精神的互动,而是一个姿态。也许有人会怀疑,我们能否真正看到没有精神的身体(尸体除外)或没有身体的精神。精神和身体都是从"姿态"这一具体现象中被推演出来的,是后来才有的"说明"。事实上,对精神的说明比对身体的说明更清晰。它们只是针对实际观察到的姿态形成了一个抽象的"理论性"视域。但我们将这种后来生成的说明投射到姿态本身,并相信我们确实看到了姿态。

在观察绘画姿态的过程中,我们看的是绘画的姿态,而不是看画家与材料的神秘融合,画作得以生成的过程。"画家"和"他的材料"是我们用来说明绘画姿态的词语,而不是相反:我们无法看到这些词语的含义汇聚在一起。"画家"和"他的材料"都是从姿态中产生的,但由于我们把它们投射到观察中,它们就变成了偏见。当然,这并不意味着 X 先生无法脱离绘画的姿态而被观察到,只是如果脱离了绘画的姿态,他就不能被视作一名画家。这也不意味着他的画笔无法在其他情况下被观察到,但画笔只有在绘画的姿态中才能被视为"画家的画笔"。X 先生

8. 绘画的姿态

和画笔仿佛是一种挂钩，根据观察的情境，各种不同的名字被挂上去，以"说明"它们。在这些情境之外，它们是"空洞的概念"，是形式，是观念，是虚拟性（或是其他先入之见，无论我们如何称呼）。只有在实际情境中，它们才会变得真实（实际）。只有在绘画的姿态中，X先生才真正成为画家，画笔才真正成为他的画笔。

这种观点不易于与西方传统世界观调和，但很容易与具体经验调和。一名画家可能会说，只有在绘画的姿态中，他才觉得自己是一名真正的画家。他会说，只有当他拿着画笔，面对画布（或者"画笔拿着他"，画布面对着他）时，他才真正活着。至于自己为什么绘画或为什么选择这些颜色等问题，对他来说可能毫无意义，因为这些问题也可以反过来问，即为什么他被绘画及色彩选择。不是他选择了绘画（在形而上学的意义上，他在决定绘画时已先有了各种可能性），也非绘画是他的使命（在形而上学的意义上，画笔或画布以某种方式向他发出了召唤），因为不存在画家在绘画之外选择绘画，也不存在画笔可以召唤画家。这些都是隐喻。事实是简单的（顺便说一句，所有事实都是如此）。绘画是一种具体的姿态，画家和画笔在其中得以实现。

如果"神秘主义"指在具体现实中主体和客体的模糊，那么对绘画姿态的这种描述听起来颇具神秘主义属性。这似乎与禅宗所说的"合一"（Einswerden）类似，无论是箭手、弓与箭，插花艺术中的人与花，还是茶道中的茶、茶杯，都是如此。禅与现象学方法一样，强调现象的具体体验。事实上，从对具体世界的观察中排除抽象偏见的努力并不神秘。远东地区的世界观是综合的、审美的，并走向对世界的神秘体验。西方的世界观是分析的、理性的，它导致越来越多的抽象化和与具体世界的疏离。现象学方法试图通过再次找到具体的"根基"，将西方思想从上述疏离中挽救回来。因此，现象学的方法与西方传统对立，是因为这种追根溯源的做法与西方传统背道而驰。但正因如此，现象学仍然牢牢地立足于西方的立场。通过使用现象学方法来研究绘画姿态所处的谜一般的自由氛围，现象学方法的西方属性就可以变得更清晰。如前所述，绘画是一种明显"有意图"的运动，它从现在指向未来。在这一运动中，X先生变得真实，具体而言，他成为一名画家，因为在这一运动中，他变成了一名趋近未来的人，一名为一幅将要被绘制的画作而努力的人。他变得真实，他"活着"，因为他指向着什么。画作就是他生命的意义。通过这种方式，他实际上成了真实的自己，因为绘画的姿态是一种自我分析、自我意识的姿态。对于观察者来说，画家也是真实的，因为观察者在（画家）实现自我的姿态中看到了对未来的趋向。他还在画家的姿态中认出了自己，而这种认知使他知道画家与他共同存在于这世界。因此，绘画的姿态是X先生变得真实的方式，对他自己和对世界上与他同在的其他人而言也是如此。

　　刚才的表述似乎笨拙而复杂，事实无非就是X先生意识到自己是真实存在的，其他人也意识到X先生确实存在。这种表述之所以笨拙而复杂，是因为它必须避开诸如"意识""精神"和"灵魂"等笨拙、复杂和形而上学的概念。这些概念妨碍了我们对简单事实的了解。事实是这样的：我们即姿态。通过这些姿态，我们与世界中的事件相遇。这个世界是我们身处其中做出姿态的世界，是通过我们的姿态得以被表达的世界，也是我们赋予意义的世界。从令人满意的因果说明的角度来看，这些事件大部分是毫无意义的。我们的姿态就是赋予无意义的事件以意义。然而，与我们相遇的事件中，有些是有意义的，它们指向未来，即指向我们；因为我们就是它们的未来。这些事件是他人的姿态，我们在其中认出自己。所有这些原本都是简单且显而易见的，只因为我们试图用意识或精神等形而上学的原因来说明，才使它们变得复杂起来。

8. 绘画的姿态

我们知道自己在这个世界上并非独自一人,因为周围所有人的姿态都指向我们。这种指向既是行动,也预设(Vorwegnehmen)了我们要做的事情。语法增加了语言表达的难度,比如"拥有(haben)"和"赋予(geben)"的含义其实是一样的。但是,通过观察绘画的姿态,我们就可以绕开语法上的障碍。待绘之画是一种意义,姿态通过创作而"赋予"它意义,通过预设它而"拥有"意义。画家在姿态中实现自己,因为他的生命接受了姿态赋予的意义,而姿态赋予意义的方式是通过笔触、移动脚步和眨眼等指向性运动实现的。指向性运动本身并不是"劳动",而是劳动的计划。然而,指向性运动试图改变世界,并带来改变。画家在绘画的姿态中变得真实,因为在这种姿态中,他的生命朝向了改变世界的方向。他的生命指向即将被绘制的画作,并通过画作指向与画家同在的其他人,即指向未来,因为接近绘画姿态的方式是对姿态的分析,即"对应-意义"(Gegen-Bedeutung)。姿态之间的对话、具体事件的相互交织,正意味着改变世界,意味着在世界中为他人而存在。所谓的"世界"并不是由"事物"组成的客观环境,而是由相互作用的具体事件组成的环境,其中的一些事件之所以有意义,是因为它们能够赋予意义。如果一个人通过观察绘画姿态从而摆脱了西方那种所谓的"客观世界观",他就能看到"具有意义""赋予意义""改变世界"和"为他人而存在"这四种表述虽然各异,却表达了同一种事实。

然而,所有这一切都只是探讨自由的努力。自由正是具有意义的、赋予意义的、改变世界的、为他人而存在的。简而言之,自由就是真正的生活。自由不是选择的功能,不是选择越多,自由越大。画家"知道"他也可以是小偷或列车员,但他不会因此拥有更多(绘画姿态)的自由。"自由"不是"有条件"的反义词,更少的内部和外部条件限制不会带来更大的自由度。当画家超越了画笔或身体为他设定的限制之时,他不会在姿态中更加自由。自由是对未来的自我分析,绘画的姿态是自由的一种形式。画家并不拥有自由,但他置身于自由,因为他在绘画的姿态中。自由与真正的存在是同义的。对绘画的观察让我们看到了自由的具体现象,只有通过后续的解释工作,我们才能区分其存在论、美学和政治维度。具体的自由实际上是不可分割的:它是我们认识到他人与自己同在这个世界的方式。

绘画姿态的意义在于绘待绘之画。本文对此的讨论不多,因为我们的目的是追求姿态本身。当然,待绘之画在姿态中是假定的,是僵化、凝固的姿态。如果有一种关于姿态的普遍理论,或一个负责辨析姿态的符号学学科,那么艺术批评就不会是经验主义或"直观"的,我们也不会像今天这样试图通过因果论来说明美学现象了。相反,它将是对凝固成绘画的姿态的精确分析。在没有这种"编排学"（Choreographologie①）的情况下,较优的策略是观察发生在我们面前和我们身上的姿态:作为一种自由的实例。这意味着我们要尝试用全新的眼光看待世界,摒弃传统中客观化和抽象化的偏见。这样,世界就会重新"显现",被具体现象的光辉照亮。

---

① "Choreographologie"一词结合了"Choreographie"（编舞、舞蹈设计）和"ologie"（学科、研究）两个词。——译者注

9. 摄影的姿态

毫无疑问，摄影术的发明是革命性的，因为它是一种试图将存在于四维时空中的（拍摄）对象固定在二维平面上的方法。与绘画不同，这种方法的革命性在于它允许对象本身被印刻在平面上。摄影是对象留在平面上的一种"指纹"，因而是与绘画不同的描绘。对于摄影而言，对象即原因；对于绘画而言，对象即意义。摄影革命颠覆了具体现象与我们对这一现象的观念（概念）之间的传统关系。在绘画中，我们按照自己形成的观念将现象固定在表面上；在摄影中，现象在其表面上为我们生成了它自己的观念。事实上，摄影术的发明是对理性主义和经验性的理想主义理论冲突的一种延迟的技术解决。

17 世纪的英国经验主义者认为，观念（概念，Ideen）如同摄影一样印在我们身上；同时代的理性主义者则认为，观念（概念）就像绘画，是由我们设计出来的。摄影术的发明证明了观念以上述两种方式存在。19 世纪，两个阵营的主导性观点在某种程度上被普遍接受了。如果着眼于这一事实，你就会发现，摄影来得太迟，以至于无法影响哲学讨论。这就是技术位于理论之后并跟随理论的一个例子。摄影术的革命性意义还在于，它只允许在技术层面讨论"客观"思维与"理念"思维话语的区别。摄影是"客观"的概念,而绘画则是"主观的"或"理念性"的思考,是我们对周围具体现象的看法。这就是技术创造理论的一个例子。事实上,在摄影术被发明 100 多年后的今天,我们才开始确认由比较摄影与绘画引发的理论可能性。

如果我们认识到照片是由现象引起的,绘画则指出了现象(它们意味着现象),我们就可以分析因果论说明和符号论解释之间的区别。因此,当我们知道照片经由电磁的、化学的和其他操作等原因而最终生产出来时,照片就得到了说明;当我们在绘画中看懂其要表达的"意图性"时,绘画就得到了解释。不过,本文并不打算讨论这个问题,尽管它很吸引人,原因在于摄影和绘画都来自非常复杂和矛盾的运动。事实上,在绘画行为中存在着客观阶段,在摄影行为中存在着主观阶段,这在一定程度上导致对客观性和主观性的区分更为困难。如果我们想区分绘画和摄影——如果我们想理解我们与世界的关系,我们就必须这样做——我们必须研究由摄影和绘画引发的两种姿态。

对摄影姿态的研究似乎是一个准备步骤,它对研究摄影本身及摄影与绘画的差异都至关重要。这正是本文的目的。

但是,当我们试图描述摄影的姿态以开展研究时,却被一个奇怪的现象吓了一跳。从隐喻的意义来说,我们所做的似乎是尝试"拍摄"这一姿态。就我们对"描绘"(Beschreibung)的理解而言,它是将一种语境转换成另一种语境,一张照片就是一种对二维姿态的"描绘"。一张男人抽烟(斗)的照片就是对他抽烟姿态的描绘,因为它将姿态从四维转为二维,其元素是通过姿态本身(更简单地说,是通过吸烟时移动的物体反射的光线)实现"操控"(manipuliert)的。相比之下,通过打字完成的对照片的描绘是由许多元素(打字机上的字母)组成的,但这些元素与所描绘的姿态没有任何因果关联。如果我们认为,我们以摄影姿态

9. 摄影的姿态

为主题写作时，在某种意义上（哪怕只是隐喻性的）就是摄影，那我们就大错特错了，因为我们必须避免将照片作为描述摄影姿态的模型。这一点值得注意，是因为它展示了工具形塑思想之危险性的一个例子。首先，作为"客观"观察的工具，我们发明了摄影。其次，我们尝试通过摄影观察摄影本身。工具在许多层面上对我们的思想产生了抑制作用，虽然有些作用不那么明显。我们不应让工具坐上马鞍骑在我们的身上。在这里，如果我们试图弄清楚"实际上"发生了什么，我们就不能像拍照片一样去观察摄影的姿态。我们必须仿佛对其一无所知，必须纯真地像第一次看到它那样去注视它。

这看似简单，实则困难重重。摆在我们面前的是一个模棱两可的局面。假设这是一个社交活动（沙龙），一个人坐在椅子上抽着烟斗，房间里还有一个人拿着相机。如果"正常"是指行为与事件相称，这两个人的行为就都很反常。抽烟斗的人似乎不是为了抽烟，而是另有原因。虽然我们很难讲明原因，但我们感觉他是在吸烟中"游戏"。相反，那个拿着相机的人却以一种最奇特的方式在房间走动。如果我们开始描绘拿着相机的人的轨迹，那么对我们来说他就成了场景的中心，吸烟者则成了他围绕图像中心绕圈的解释。这一点值得注意，因为它表明，场景与其说是由构成元素之间的关系决定的，不如说是由观察者的意图决定的。因此，这并不是与观察者的观点无关的一种"客观"描述。恰恰相反，这里描述的场景是由观察者"设置"（eingestellt）的。"设置"是一个摄影概念，这恰恰证明了要将摄影模型排除在观察之外是多么困难，也意味着摄影不是"客观"的描述。让我们试着记住这个图像，并再次忘记摄影模型。

这个场景的中心是拿相机的人，并且他在移动。如果说某个中心相对于它自己的周边在（与自己周边的关系中）移动恐怕是很别扭的。

当中心移动时,它是相对于观察者移动,整个场景也随之移动。因此,我们必须承认,当我们观察那个拿着相机的人时,我们看到的是整个场景的运动,包括坐在椅子上的那个人。我们很难承认这一点,因为我们习惯于认为坐着的人是不动的,因为我们相信自己(认为自己)看到的东西。

事实上,当我们把注意力转向坐在椅子上的人时,我们会发现场景是静止的,而拿着相机的人在其中移动;如果我们把注意力转向拿着相机的人,场景则开始移动,坐在椅子上的人成为变化的场景中的固定元素。这表明,哥白尼革命是视角变化的结果,而不是比托勒密体系"更真实"的观点。换句话说,拿着相机的人不断移动并非为了寻找最佳的视角去拍摄一个固定场景(尽管他可能认为自己在这样做)。实际上,他是在寻找最符合自己意图的位置,以固定一个不断变化的场景。

尽管如此,还是出现了以下问题:对于正在观看的我们而言,拿着相机的人是场景的中心,但对他自己而言却并非如此。他认为自己处于场景之外,因为他正在观看场景。对他来说,椅子上的人才是他关注的中心,是场景的中心。我们也在这个空间里,看着那个拿着相机的人。对他而言,我们也是场景的一部分。这让我们误认为存在两种不同的场景:在一种场景中,我们是超越的,拿着相机的人位于中心;在另一种场景中,椅子上的人位于中心,而我们也参与其中。这两种情况各不相同,又相互渗透。但实际上,只存在一种场景。我们之所以能确认这一点,是因为我们能从观察者的角色(功能)中抽身出来,我们具有成为场景的一部分而进行观察的可能性。拿着相机的人也可以这样做。如果我们观察拿相机的人的姿态,我们实际上可以发现,他并没有意识到自己的某些移动。

我们对自身处境的审视(这种"省察的"或"批判的"视角)是我们在

世存在的特征：我们身处世界，我们看到它，"了解"它。但我想再强调一遍：这种审视并不"客观"。我们将自己从特定角色中解放出来的姿态，对于携带相机且与某一"场所"绑定的人来说同样适用。从这一"场所"，我们可以断言，我们两次体验了同一个场景。这个"场所"是达成共识、获得主体间认可的基础。如果我们在此基础上与携带相机的人相遇，我们不会"更好"地看清场景；相反，我们是以主体间性的视角看待场景和我们自己。

作为人类，拿着相机的人不仅身处场景，而且在反思中与场景分离。我们知道自己面对的是一个人，不仅因为我们在形体上辨认出这是人类，同样重要且更具辨识度的原因是，我们看到了一些姿态。这些姿态非常清楚地"表明"拿着相机的人的注意力不仅指向椅子上的人，而且还与这种注意力保持着反思性的距离。我们在这种姿态中认出了自己，因为这是我们自己在这个世界上的存在方式。我们知道我们面对的是一个人，因为我们在他身上认出了自己。我们对人的身体的识别是直接且具体的认知的附加要素。如果我们只相信这种识别（Identifizierung），我们就很可能会出错，因为我们看到的可能是一台模拟人类姿态的人工智能机器。但是，如果我们要识别的是一种姿态，我们就不会出错，因为我们只有在人类独有的姿态中才能认出自己。

因为拿着相机的人是人类，而"天真"（naiven）的人类（这本身就是一个矛盾）是不存在的，所以也就不存在"天真的摄影"。拿着相机的人知道自己在做什么，我们可以通过观察他的姿态看出这一点。这就是为什么我们必须用哲学（反思的）术语来描绘他的姿态。任何其他方式的描绘都是无效的，因为它们无法把握姿态反思和自觉的本质。人类的任何姿态都是如此，摄影师的姿态尤其如此。摄影的姿态是一种哲学姿态。或者换一种说法，在摄影被发明以后，人类不仅可以通过文字媒介进行哲学思考，也可以通过摄影媒介进行哲学思考，因为摄影的姿态是一种观看的姿态。由此，它参与了古代哲学家所称的"理论"（theoria）的姿态，生产出被哲学家们称为"理念"①的图像。与大多数其他姿态相比，摄影姿态的意义并不在于直接改变世界或追求与他人交流。相反，它的目的是观察某种事物并将观察的东西固定下来，以追求其"形式化"（formal）。马克思主义者经常引用的观点是，哲学家们只是用不同的方式解释世界（如观察世界并谈论世界），而问题在于改变世界②。将这一观点应用于摄影的姿态时，它并不太有说服力。摄影是凝视世界的结果，也是对世界的改变，它是某种新类型的东西。诞生于哲学的那些概念虽然并不像摄影那样具体，但它们有相同之处，即都适用于传统哲学。毫无疑问，摄影的具体性（Greifbarkeit）就是理由——它比哲学传统方法的结果更具优势。

　　拿着相机的人所做的姿态可能过于复杂，我们无法将其分解为可明确区分的不同方面。无论如何，这完全不是我的本意，因为就我的目的而言，只要有三重面向可以既相互区分又无法彼此割裂，这就足够了。第一重面向是寻找一个位置，一个可以观察场景的位置；第二重面向是操控，使场景与所选位置相适应；第三重面向是批判性距离，通过它可以看到调整的成败。显然，还存在第四重面向，即释放快门。但是，这一过程在某种意义上并不属于实际的姿态，因为它是机械性的。除此之外，相机内部还有复杂的电磁、化学和机械技术，以及显像、放大和

---

① 这里指柏拉图的"理念"。——译者注
② 这句话出自《马克思恩格斯全集》（第一卷），原文为："哲学家们只是用不同的方式解释世界，而问题在于改变世界。"这句话强调了改变世界的重要性，而不是仅仅解释世界。这也是马克思哲学思想的核心之一，即理论必须与实践结合，才能真正地改变世界。——译者注

9. 摄影的姿态

修版的整个过程，最终才形成一幅图像。尽管这些技术对摄影姿态的结果有决定性影响，而且分析起来也很有趣，但它们并不在我们目前观察的范围内。我们的意图并不是分析摄影，如果分析摄影离不开对技术的分析。对我们而言，更重要的是观照社会活动中出现的摄影姿态。

上文提到的摄影姿态的三重面向不能用相同的方式观察，在姿态中的意义也不尽相同。姿态的第一重面向，即寻找位置，是最显而易见的，其他两重面向似乎都从属于它。但仔细观察就会发现，第二重面向，即对场景的处理，更具有姿态的特质。虽然它不像第一重面向那么明显，也不那么容易被摄影师认可，但它操控着寻找位置这一行为。至于第三重面向，即自我批判层面，虽然对于观察者来说起不到决定性作用，但"图像质量"（Qualität des Bildes）的评判标准正是基于这一层面。

刚才关于摄影姿态的论述，只要稍加调整也适用于哲学思考的姿态。哲学研究（姿态）同样有这三重面向，并以类似的方式相互关联。可以说，摄影是一种将哲学态度翻译到新语境中的姿态。与摄影时一样，在哲学中，寻找位置（立场）是一种显明的层面。哲学家们总是不愿承认对意图阐明的场景的操控，但这是各种哲学运动的特征，自我批判的一面则让我们可以判断操控是否成功。当我们尽可能精确地观察这三重面向时，我们会更强烈地感受到，摄影的姿态是工业时代的一种哲学发展。

寻找位置的意图明显地反映在摄影师的身体运动中。但是，在观察他操控相机的方式时，出现了另一个不那么明显的维度。摄影师寻找的位置是时空连续体内的某个点。摄影师会自问他必须在哪个点，在多长时间内照亮他试图固定在表面上的对象。在我们的例子中，他的对象是一个在沙龙中坐在椅子上吸烟的人。这句话本身就描绘了从某一个位置看到的场景，即通过某种形而上学的悬置，观察者在事件发生的时空之外所看到的场景。摄影师的姿态表明,他并不认为这种位置是可以被找到的,即使可以找到,也需要一些隐秘的证据来证明其优于其他位置。事实上,摄影师的姿态表明,他并不知道最佳位置在哪里,他认为每个场景中都有各种不同的位置,而这些位置的"质量"既取决于场景本身,也取决于观察者的意图。如果我专注于摄影的瞬间,鉴于烟斗的烟雾正在升腾,某个特定的视角必须被突出,通过烟斗的"形象"(Gestalt)打动我。反之,如果我想定格烟草的味道,让吸烟者浮现出愉悦的表情,就必须有另一个理想的角度,哪怕它也是由当时场景的"形象"决定的。因此,摄影师在寻找好的拍摄位置之前,必须先有一个目标,这样他才能感知当时的场景。当然,从他的姿态可以看出,这种看法只是理论上的,因为在寻找角度的过程中,他随时都可以改变目标。他开始拍摄烟斗升起的烟雾,在寻找合适角度的过程中,他被吸烟者的面孔吸引了。事实上,其中存在着双重辩证关系:首先是目标与场景之间的辩证关系,其次是场景各种视角之间的辩证关系。摄影师的姿态显示了这些辩证关系之间的紧张性。换句话说,摄影的姿态是一种寻找位置的运动,它揭示了推动寻找进程中的内部和外部张力:这种姿态是怀疑的运动。在此基础上观察摄影师的姿态就意味着坚持方法上的怀疑[1]的展开,并且这就是哲学最为典型的姿态。

---

[1] 怀疑论是哲学方法论中的一个重要概念,最初由法国哲学家笛卡尔提出。这一概念主要出现在笛卡尔的著作《第一哲学沉思集》中,他用怀疑论来揭示知识的根本原理,寻找可以确信的牢固基础。怀疑论涉及对一切知识(包括感官知觉、数学公理等)的怀疑,以此来找出不被怀疑的东西。笛卡尔的目的是找到一个不可怀疑的、稳固的出发点,以便建立一个坚实的知识体系。他最终得出结论,存在一个不可怀疑的事实,因为即使是在怀疑一切的时候,也必须有一个"我"在怀疑,所以这个"我"的存在是确定无疑的。这一方法论对后来的哲学、科学乃至整个西方思维方式产生了深远的影响。它强调通过严格的怀疑来达到更为可靠的认识,体现了理性思考的重要原则。在当代,类似的思维方式也被应用到科学研究和技术发展等领域,强调科学精神和批判性思维。——译者注

9. 摄影的姿态

　　寻找位置的运动在我们通常所说的四维时空中持续：在第一个维度中，摄影师接近场景并从场景中后退（保持一定距离）；在第二个维度中，摄影师从不同的水平角度观察场景；在第三个维度中，摄影师从不同的垂直角度观察场景；在第四个维度中，摄影师调整他的相机，以在不同长度的曝光时间内捕捉场景。这四个维度以极为复杂的方式相互重叠，但时间维度由于包含对相机的操控而具有了不同于其他维度的显著特征。

　　这四个维度相互交织，摄影师的寻找似乎是在时间和空间中进行的一场模糊而高深莫测的移动。然而，仔细观察我们就会发现，在这个连续体中，摄影师必须跨越一些障碍，就好像时间和空间根据场景被划分为不同的领域。其中，一个是鸟类视角看到的领域，一个是青蛙视角看到的领域，一个是眼的余光看到的领域，一个是传统的睁大双眼看到的领域。从近景到全景的拍摄并非平滑的过渡，而是在互相独立的领域中实现从一个领域到另一个领域的转换。这就将摄影的姿态与摄像的姿态完全区分开来。静止的相机（不像电影拍摄镜头）并不"移动"，摄影姿态实际上是一系列跨越无形障碍的连续跳跃，是一系列的决断。摄影师的寻找是一系列突发决断过程的连续。摄影师穿越的是多样化观察的领域、多样化的"世界观"，以及将这些视觉性领域加以区分的障碍物所形成的时空。摄影姿态的量子特征（摄影的清晰而明确的感知，clara et distincta perceptio①）赋予了它哲学姿态的结构，拍摄姿态则消

---

① 在哲学史上，特别是在笛卡尔的哲学中，"clara et distincta perceptio"与理性思考和知识的确定性有关。笛卡尔在他的怀疑论中寻求确定无疑的知识基础，他认为通过清晰和明确的认识，人们可以获得真正可靠的知识。例如，笛卡尔在其著作《第一哲学沉思集》中提到了"我思故我在"(Cogito, ergo sum)这一著名命题。它是通过清晰的逻辑推理得出的结论，被视作哲学上的一条基本原理。在这个过程中，清晰、明确的感知是获得可靠知识的关键。——译者注

解了这一结构。造成这种差异的原因显然是技术性的：与哲学家一样，摄影师也是通过"范畴性的"（Kategorialen）装置来观察世界的，目的是将世界作为一系列各不相同的图像（可定义的概念）来加以把握。电影制作人则通过"过程性的"（prozessualen）装置观察世界，其目标是将世界记录为源源不断、无法区分的图像（无法定义的概念）。这两种装置在技术上的差异造成了两种姿态的结构差异。因此，声称照相机是眼睛的延伸和改进只是一种比喻。在摄影的姿态中，人体与摄影装置是如此紧密地结合在一起，以至于我们无法只为其中一个赋予某种特定功能。如果我们将摄影工具视为一个身体，它的移动取决于人体的运动（如果我们在"人-工具"的关系中将人体视作常量，将工具视作变量），那么将摄影装置定义为摄影师的工具就几乎毫无意义了。如果说在寻找位置的过程中，摄影师的身体成了摄影装置的工具，似乎也意义不大。通过观察摄影姿态，我们或许可以在准工业性（para-industriell）的脉络中看到这一关系的矛盾性。在汽车工业中，工人作为机器发挥功能的一个条件，实际上意味着其自我（作为自由存在的人自身的尊严性）的丧失。相反，在摄影的姿态中，摄影师适应照相机，如他需要调整自己的位置以适应相机的时间设置，但这并不意味着自我的异化。相反，摄影师恰恰因为有摄影装置的时间设置才是自由的，而非无视它们才是自由的。

不管是谁，只要他想为"文化"的所有工具命名，就不得不承认工厂劳动者的姿态和摄影师的姿态出现在不同的场景中。社会主义革命的目标是追求在我们的文化环境中消除所有劳动者类型的姿态。毫无疑问，如果想要完全理解迄今为止被研究的摄影姿态的面向，即完全理解对位置的找寻，那么就需要非常彻底的观察。为了达到本文的目标，我们需要一系列与场景讨论相关的理论性判断。因此，摄影的姿态是方

9. 摄影的姿态

法怀疑的具体运动，其结构既由被观察的场景决定，也由摄影装置和摄影师决定。基于此，我们必须排除将这些因素割裂开来的可能性。我们还可以补充说这是一种自由的运动，因为姿态是一系列决断，并不是说我们在无视决定性力量的作用下作出了自由的决断，而是正因为这些决定性力量的作用，我们的决断才是自由的。

如果要研究第二重面向，我们就需要忘掉关于拍摄行为的任何客观知识。根据这些知识，现实中存在一些对象，如"坐在椅子上抽着烟斗的男人"即为一例。这些对象在某种意义上是"现象"，就实验而言，它们可以被光学记录，因为它们会反射落在身上的光线。拿着相机的人正是要捕捉光线，使感光的胶片材料发生特定的化学变化。这种客观的描绘可以被称为"科学观察"，它将摄影的姿态简化为实验室操作。它必须被遗忘不是因为它是"错误的"，而是因为它不包含我们在姿态中看到的东西。

拿着相机的人并不是在寻找反射的光，而是在可用的参数范围内选择特定的光线。摄影师也不像滤镜那样被动地作出选择（尽管人们可能会怀疑滤镜是否为被动），而是主动地参与光学过程。例如，他把窗帘拉上一点，将某些光线排除在外。他将拍摄物体转向光亮处，使其反射某些光线，而不反射其他光线（例如他说："笑!"）。他引入自己的光源（如闪光灯），让场景沉浸在自己选择的色彩中，他还用特殊的滤镜来调整相机，选择合适的胶片以吸收某些光线，拒绝其他光线。在这一过程中，被制造出来的图像与摄影师不在场时对象所反射的光是完全不同的。不过，它仍然是物体反射光线的效果。从这个意义上说，它是客观的。我们可以扪心自问，这是否为"客观"这一概念的唯一真正的意义。因此，在实验室操作（科学调查过程）中发生的事情与在拍摄姿态中发生的事情并无太大的区别。从这个意义上说,我们并不怀疑摄影的客观性,我们怀疑的是科学中客观性概念的特定意义。

当然,摄影中的问题比科学中的问题要复杂得多(也许人类学中的问题除外),尤其是当我们关注的是人物摄影时。拍摄对象会对操控作出反应,因为它不是一个纯粹的对象,而是一个与摄影师分享相同场景的人。摄影师和他的拍摄对象之间建立了一个复杂的行动和反应(对话)网络,哪怕主动权在摄影师手中,而被拍摄者只是耐心(或不耐心)地等待的人。对于等待者来说,这种不确定的对话混合了矜持和表现欲(因为意识到自己是物化注意力的中心),从而导致了"虚假姿势"(aufgesetzte Haltung,被拍摄对象隐瞒了动机)。从积极主动的摄影师层面而言,这导致了一种奇怪的感觉,即他既是证人,又是原告、被告和法官,所以一种心神不安的感觉反映在他的姿态上。由此,摄影师试图在一个不经意的瞬间出其不意地拍摄,从而将自己的动机变成对象。从摄影就是虚拟对话(Scheindialog)这一观点来看,摄影师依然欺瞒了自身的动机。摄影的姿态是一种艺术形式。

但是,摄影师操控场景并隐瞒动机的事实并非意味着他无法制作客观的照片,更不意味着如果摄影师放弃操控场景就会获得更为客观的照片,也不意味着对摄影师的操控"动机"的反映就会影响照片的客观性。相反,这意味着观察场景就是操控场景,或者换句话说,意味着观察会改变被观察的场景。

拿相机的人观察一个场景时同样也会被它改变。观察会改变观察者。观察拍摄姿态的人既不需要海森堡的不确定性理论①,也不需要精

---

① 这里指德国物理学家沃纳·海森堡(Werner Heisenberg)于 1927 年提出的不确定性原理,是量子力学中的一个基本原理。该原理指出,测量者不可能同时精确地测量某一粒子的位置和动量(速度和方向的组合)。——译者注

神分析理论,他可以真实地看到这一姿态。摄影师不能不操控场景,因为他的存在本身就是一种操控。他也无法避免受到场景的影响,他只要在那里就会被改变。图像(一种观念)的客观性只能是对一种场景进行操控(观察)的结果。每个概念在一定程度上都是虚假的,因为它操控了基于这些概念而被把握的东西。从这个意义上说,它是"艺术",也就是虚拟的。然而,从另一种意义上看,真正的概念是存在的。比如,观察者真正地把握了基于概念所观察到的东西之时就是如此。这就是尼采所说的"艺术高于真理"①的含义。

摄影师无法不操控场景,因为他的寻找行为与这种操控紧密相连。寻找和操控是同一姿态的两个方面,但摄影师并不总是愿意承认这一点。他会说,他的一些照片再现的是没有被操控且无法被操控的场景,如风景。他会承认人像摄影总是人为操控的结果,因为被拍摄者会感觉到摄影师的存在,并对此作出反应(至少会因为事先对摄影师的存在一无所知而感到惊讶)。他坚持认为,风景画不会注意到摄影师的存在,但他错了。考古研究的照片(摄影)可以作为一个例证。很明显,利用红外线让考古层的形态显现出来是一种明显而清晰的操控。然而,在日落时分拍摄的照片显示了正午阳光下难以被察觉的形态。

---

① 尼采在他的著作《悲剧的诞生》中讨论了古希腊悲剧的起源,他认为艺术起源于人类对疼痛的审美化处理,是对生活的一种超越。因此,艺术是对生命的肯定,是对存在的审美探索。在这种意义上,艺术确实可以被视作高于单纯的"真理"追求,因为艺术能触及人类存在的深层次,激发情感和想象,而不仅仅是揭示冷冰冰的事实。然而,尼采并不否认真理的重要性,他批评的是那种追求绝对、普遍真理的倾向。他认为这种追求往往忽略了生命的多样性和个体性。尼采认为,真理应该是动态的、多元的,而不是静态的、单一的。因此,他在一定程度上强调艺术的重要性,是因为艺术能够展现生命的丰富性和复杂性,而这些往往是单一的真理所无法涵盖的。总体而言,尼采的观点是多维度的,他并不是简单地说"艺术高于真理",而是认为艺术和真理在人类生活和认知中扮演着不同但同样重要的角色。艺术能以一种真理所不能的方式触及人类的深层次情感和体验,真理则是我们理解世界和指导行动的基础。——译者注

这似乎并不是一种操纵,正午和日落似乎是特定场景的组成部分。但是,偏爱日落而非正午的决定是拿相机的人对风景的事实性操控,因为通过这一决定,风景服务于某种目的。每张照片都是一幅人物画,因为每个场景都表明自己"觉察到"被拍摄。从这个角度看,摄影也与哲学相似:如果不操控场景,就无法确定立场,尽管有些哲学家不愿意承认这一点。

姿态的第三重面向,即自我批判的面向,与哲学中所谓的"反思"(Reflektion)有关。这显然是从光学中借用的概念,与摄影密切相关。照相机有一面镜子(取景框),摄影师透过它会看到可能呈现的图像。他看到的是可能的图像,而当他以这种未来学的方式观察时,他就会从诸种可能性中选择自己的图像。他只留下一幅图像,摒弃了其他所有图像,并将它们送入失落的虚拟世界。通过这种方式,拍摄的姿态让我们具体地看到,选择是如何作为未来的投射(Projektion)而发挥作用的。摄影的姿态是展示自由之张力的事例,因为它表明,批判(用标准来衡量可能性的做法)使自由的这种张力得以具体化。

但是,将"反思"概念理解为一面判断(评价)未来之可能性的镜子,这只是它的一重含义。在另一重含义中,"反思"还是一面在我们作决定时映照出我们自己的镜子。我不知道是否有配备这种镜子的相机,但制造这种相机并非难事,因为摄影师的某些移动给人的感觉(印象)就是他在通过类似的镜子审视自己。通过这面(无论是物质的还是非物质的)镜子,摄影师一边摄影,一边看到自己。通过这种方式,他将自己卷入了摄影的场景。

摄影的姿态是具体的证据,证明了何种观察牵涉其中。它不应与使用定时快门获得的图像相混淆。摄影的姿态表明摄影师并非被动的对象(如人类学中的对象),它投射出的是一个积极的对象(某些哲学家

9. 摄影的姿态

的目标正是如此）。这种镜子必须——如果存在——不仅允许对摄影师的检验，也允许对摄影姿态本身的检验。自我控制是自由的另一种形式。

在西方传统中，尤其是自康德以来，我们一直被警告（理由充分）不要将反思视为纯粹的思辨，因为我所说的镜子允许制造其他镜子。这些镜子在无限的连续中相互投射，并据此形成一片没有基础的虚空（深渊）。这片虚空可以产生自杀性的吸引力，却无法阻止摄影的姿态。当姿态在虚空中迷失时，它也就失去了意义。与其他文化相比，西方人对摄影感兴趣的一个重要原因，与他们设置镜子的方式有关。因此，我们的问题并不在于持续的投射（反思），而在于决定何时停止投射（反思），以便能转向行动。虽然我们知道虚空，但我们审视它并不是为了它本身，而只是为了更好地拍摄。对我们来说，反思是一种策略，而不是放弃自我。摄影师停止注视反射（投射）镜（无论是真实的镜子还是虚拟的镜子）的那一刻，就是确定其图像的时刻。如果停得太早，画面将流于表面；如果停得太晚，画面则会混乱而乏味；如果摄影师的选择恰到好处，画面就会具有穿透力和启发性。因此，反思构成了摄影师寻找和操控的一部分，它既是对自身的寻找，也是对自身的操控。事实上，寻找位置属于寻找自我，操纵场景属于操控自我；反之亦然。摄影如此，哲学如此，人生也是如此。但是，在摄影中，它是有形的、清晰的，我们可以通过观察摄影的姿态看到它。

上述考察并非对拍摄姿态的详细的现象学描绘，它们只是表明这种描绘可能是有用的，至少它们在特定的语境中提出了某些问题。例如，摄影与绘画在存在论和认识论上有何差异？摄影的发明对绘画产生了什么影响（如果有的话），以及在不久的将来会产生什么影响？摄影的发明对哲学有什么影响(如果有的话)？超现实主义①运动是艺术运动还是哲学运动？我们能否声称摄影(但并不总是因为摄影)使艺术与哲学的区别变得模糊？摄影的发明对科学思想(不仅是科学方法)产生了什么影响？摄影与更先进的相关观察方法(如幻灯片、电影、录像带和全息影像等)有什么关系？总之，本文所述的观察足以提出那些触及摄影核心的命题：摄影作为一种观看的姿态、"理论"的姿态而存在。

---

① 超现实主义通过表现梦境、幻象和潜意识，打破理性与现实的界限，揭示更深层的精神世界，最初由法国诗人安德烈·布勒东(André Breton)在1924年的《超现实主义宣言》中正式提出。布勒东主张，要通过梦幻与现实的交织打破理性与逻辑的界限，表达潜意识中的图像和想法。超现实主义不仅局限于绘画和雕塑，其影响还扩展到文学、戏剧、电影和摄影等多个领域。——译者注

10. 拍摄电影的姿态

紧接着摄影的姿态,在试图研究拍摄电影的姿态之时,我面临着一个方法论问题:我观察摄影师的机会远多于观察电影导演的机会。如果有必要,我可以亲自拍照,但我几乎从未扛起过电影摄像机。不过,我看电影时会更加专注。我曾深入研究了某些电影,并认为电影应被视为当代最优秀的艺术媒介。许多人与我一样,既是业余的摄影爱好者,又是电影的批判性受众,所以我将在方法论上打破常规。以往我会站在做出姿态者(摄影者、摄像者)的角度观察并把握姿态,现在我将尝试以接收者的立场(受众)呈现拍摄电影这一姿态的核心。

柏拉图笔下的洞穴(在洞穴里移动的影子被映照在墙上)与电影惊人的相似,所以要解读柏拉图的洞穴隐喻,就不能不联想到电影。然而,将电影视为原型子宫(一个意味着出生和死亡的没有窗户的洞穴)未免乏善可陈。这种原型关联(原型化,Archetypi-sierens)可能是老套的,但认为柏拉图是第一位电影评论家的想法颇具启发性。

不那么老套但同样重要的是超市和电影院之间的比较,两者都是罗马万神殿式的长方形大教堂(Basilika)建筑①。事实上,这让人想起长方形大教堂的双重功能:一方面是市场(超市),另一方面是教会(电影院)。市场的入口宽敞,出口狭窄难行,所以是一个陷阱;电影院的入口狭窄,人们要在门前排队进入,出口的门则会按时大大地敞开。两者的另一个区别是,市场的气氛是拟广场式的,电影院的气氛则是拟戏剧式的。超市不是市场,因为它缺乏对话交流(分享)的闲暇;电影院也不是剧院,因为它的场景是二维的,并且不存在戏剧与观众之间的那种反馈。尽管如此,在长方形大教堂内展示电影的这一事实,在电影的接收(受众接受)方面十分重要,因为它是位于拟市场旁边的与教会相似的拟剧场。虽然人们若试图进入其内,就必须奉献牺牲②,但每当指定时间一到,人们就会被驱逐。

　　人们在黑暗的洞穴中坐在笛卡尔式的坐标上,也就是说人们坐在按几何顺序和算术编号排列的座位上,看着会发光的洞壁上巨大的影子在大声说话,并趾高气扬地来回踱步。在观众头顶后上方的远处,有一台机器(放映机)将这些幻影神灵投射到发光的墙壁上。这台放映机(魔法幻灯机,laterna magica)因其偶尔出现的故障、微缩版(胶片)和电影技术的日渐成熟而广为人知。然而,没有人像柏拉图寓言中的囚犯那样,转身走向真相。我们被电影程序和构成大众文化的其他程序控制,将墙上神灵的幻像视为真实的存在。电影成为这一时代的艺术形式这一事实,不能仅从电影本身来解释,还因为我们被整个文化编码,

---

① 从建筑学的角度来看,电影院可以追溯至罗马的长方形大教堂。它原来是室内市场,在发展过程中成为教会使用的讲堂。现在,这种长方形的大教堂发展成两种结构,分别是电影院和超市。参见[巴西]威廉·弗卢塞尔:《传播学:历史、理论与哲学》,[德]斯特凡·博尔曼编,周海宁译,复旦大学出版社2022年版,第165—166页。——译者注
② 教会里进行的是"奉献牺牲"的仪式,电影院里则需要观众进行"付观影费用"的"仪式"。——译者注

10. 拍摄电影的姿态

已接受电影作为真实的表象(Schein)存在了。

就像马来西亚皮影戏那样,仅在银幕上看到场景的影子是不够的。相反,四维场景在银幕上被视觉化为三维(银幕表面的二维和滚动胶片的第三维),扬声器则提供声音维度。"视听性的"这一表述掩盖了一个事实,即在影院中,人们沉浸在声音中,却与影像相对而视。当然,电影的关键性和根本性创新并不在此,而在于"技术想象力":它通过电影胶片的放映过程来体现被描绘场景的时间维度。这让我们看到了电影拍摄姿态的本质。正是这种姿态,让胶片意欲再现历史时间。因此,推动摄像机从一地到另一地的姿态是准备性和临时性的。从某种意义上说,它只是"前电影的"(vorfilmisch)姿态,其意图是用照片和声音痕迹填充长长的胶片。这些胶片实际上构成拍摄电影的姿态和剪切、粘贴姿态要处理的素材。我们可以如此定义这种姿态:它用剪刀和胶水在包含场景痕迹的胶片上进行加工,从而在洞穴模样的长方形大教堂中将故事,也就是将表现历史性时间的一条胶片制作出来。

因此,我们需要关注的是这种(制作电影胶片的)姿态,而不是对电影摄像机的操作。这并不是说操作摄像机不重要,相反,它很重要,因为它提供了电影的原始素材。摄影姿态的所有问题都存在于电影,如立场问题、场景处理问题及自我反思问题,尽管它们以不同的方式被辨识出来。立场的选择不是量子跳跃的[①](quantisch),即不那么"清晰且有区别(klar und distinkt)",因为电影摄像机允许摇移。对场景的处理更加复杂,所以也更具自我意识。这意味着,拍摄电影比拍摄照片更容易被理解为一种艺术形式。因此,通过(摄像过程中的)分工进行的自

---

① 在量子力学中,量子并非从一个阶段连续行进到另一个阶段,而是在不连续中跳跃,这被称为量子跳跃。——译者注

我反思变得更具集体性和对话性。不过，总体而言，尽管存在差异，我们仍可以说，对电影摄像机的操作是拍照的姿态在为电影的姿态服务，它的改变只是因为它现在服务于其他东西。

如此一来，一张张照片组成了一条长长的胶片，每条胶片都有声音痕迹。它们在放映装置中可以欺骗观众的眼睛，以巴洛克的方式在银幕上幻化出天国的影子。对电影而言，它是电影的材料，是给定之物（Datum）。拍摄电影的姿态是从给定之物创造出事实（Faktum）：电影创造出的不是"逸闻"意义上的故事（虽然它也可以这样做），而是"事件"（Geschehen）意义上的故事（Geschichte，历史）。通过剪刀和胶水，这种姿态制作出的这条胶片是一个共时的整体，一个事态（Sachverhalt），但在胶片放映的过程中，它又是一个历时的过程。电影导演站在素材胶片之外，以超然的立场出发，在电影院中构造出以过程之方式呈现的事态。如同上帝，对电影导演而言，开始和结束同时发生，但他可以比上帝更好地重新安排过程中的各个阶段，加速或放缓进程，让某一段或整个过程倒退，最终让整个过程溶解在永恒的回归中，成为一个循环。电影导演不仅能像上帝那样，在形式的超越性（创造性的构成）和存在的内在性（时间的过程体验）之间作出决定，他还可以做到上帝所不能的——亲自调整进程的方向，使整体进程摆脱放射性的线性，从而改变时间方向。

历史具有双重含义："事件"（Geschehen）和"对事件的叙述"（Geschehenes erzählen）。拍摄电影的姿态似乎并无特别的新颖之处，它也在叙述事件。一直以来，或者至少从《荷马史诗》和《圣经》开始，叙述者就已经在编排一连串的事件。就像今天的报纸编辑一样，拍摄电影的姿态只是将这种叙述的本质更为清晰地展示出来。但是，这种理解是不对的：电影导演并没有叙述，德语"Erzählen"①（法语：raconter，英语：tell）一词就说明了这一点。这一德语词汇意味着重新规划过去被安排好的事物，并在这样做的过程中对事物另行安排。当然，电影制作人也可以这样做，那他的姿态就当真毫无新意可言了。这只是好莱坞的刻奇或晚间新闻。但是，电影导演也可以将从未出现过的现象以从未出现过的方式组合起来，然后让胶片运转。这不是在重述已经发生的事情或可能已经发生的事情，而是让可能已经发生的事情发生在当下：不是作为乌托邦或科幻小说，而是作为当下的事件，去抢占未来。因此，电影导演不仅可以在第二重意义（叙述事件）上创造历史，也可以在第一重意义（事件）上创造历史；不仅可以叙述已经发生的事件（可能发生的和真实发生的），也可以引发事件（当然，就像洞穴石壁上的障眼法一样）。

以前从未有过这样的姿态。对于历史上的人（犹太人、罗马人和希腊人，简而言之，即西方人）来说，只有参与历史，才能从内部改变历史。这就是为什么罗马人称历史为"res gestae"②，即"已完成的事情"。讲述历史本身就是这样一种参与，一种已完成的事情。但是，在拍摄电影的姿态中，历史是从外部、从上面展开的事情，所以它不是"已完成的事情"，而是"正在进行的事情"（res gerentes）。以这种方式制作的电影本身可以被视为"被展开的事情"。它虽然能被视为对历史的参与，但它来自一种在形式上超越历史的元历史姿态，如"历史唯物主义"、尼采所言的"权力意志的永恒轮回"或新实证主义和结构主义的历史分析。只是拍摄电影的姿态比这些历史分析具体得多，因为这种姿态的工具是

---

① 德语"Erzählen"的词源可以追溯到古高地德语的动词"erzälen"，源自"zālen"，意为"计数""算数"。在这个词的形成中，"er-"前缀表示"再次""重新"。因此，"erzählen"的字面意思是"重新计数""重新算数"。——译者注
② 拉丁语，意为"被展开、进行的事情"或"行为"。——译者注

电影胶片，而不是概念，其作品不是思想的话语，而是投射在银幕上的影子的话语。

　　这就引发了一个问题：当叙事诗人、历史学家或科幻小说家无法做到这一点时，电影导演何以做到？这是一个关于线性符号和二维符号之区别的问题。线性符号是被阅读的，这意味着它们的意义是可以被把握的。相比之下，平面符号则是通过想象被破译的。涵盖摄影的传统平面是静止的、"逸闻式"的。从这个意义上说，它们是前历史的（vorgeschichtlich）。线性符号由点状要素，即字母和数字组成，它们通过一个过程来分析事件，故而具有历史性。电影是第一种动态平面符号，它并非数字的话语，而是照片（图像）的话语。电影是"发生性的"（geschehen），所以就如数字般具有了历史性；因为它由各种平面组成，所以就如传统平面般具有想象力和前历史性。如此一来，就产生了一种新的破译方式：电影图像并不像传统图像那样意味着一种场景真实；相反，它们意味着那些指代场景的概念。电影描绘的内容并不像传统图像那样，是一种现象的再现。相反，它描绘的是一种现象的理论、一种意识形态、一种意味着现象的命题。因此，电影不是叙述事件，而是想象事件并使其变得可被想象：电影创造了历史，尽管它总是从具体的现象（实际）中后退三步①。

　　如今，历史有两个维度：日常生活的四维和笛卡尔式的三维。虽然复杂的反馈将这两个层面联系起来，但与我们所碰撞的、抵抗的四维相比，人们更倾向于视觉欺瞒（Trompe-l'oeil②）的三维。我们不能排除这

---

① 指新图像（技术想象符号，如电影符号）之前的现象（实际）、传统图像符号（绘画）、文字符号（字母、数字等）。——译者注
② 法语，指通过视觉艺术来制造一种欺骗效果，在各种文化和艺术中都有体现。现多译为"错视画"，如"近大远小"的视觉陷阱。——译者注

样一种可能性，即在未来，具有重要实存意义的历史将在观众面前的银幕和电视屏幕上展开，而不是在时间-空间中展开——这才是真正的后历史。这就是为什么电影是我们这个时代的"艺术"，而拍摄电影的姿态是"新人类"的姿态，虽然我们并不完全认同这些"新人类"的存在。

11. 翻转面具的姿态

与面具相关的姿态多种多样，如设计面具的姿态、从可用的面具中作出选择的姿态、戴着面具（伪装）的姿态、戴上面具的姿态、摘下面具（实际上包括摘下别人的面具和摘下自己的面具）的姿态。上述每一个动作都值得仔细研究，因为面具是我们彼此角色的具象化，也是我们对自己所扮演角色的具象化（因为我们以他人为镜看到自己）。然而，与翻转面具的姿态，即从错误的（相反的）方向观察面具相比，这些姿态是十分久远的现象，并且它们已然被充分思考过了。例如，神话学者对面具设计进行了反复研究，教育学家研究面具的选择，心理学家研究戴着面具（伪装）的姿态，社会学家研究佩戴面具的姿态，社会批评家研究摘下他人面具的姿态，忏悔者则研究摘下自己面具的姿态。这些研究试图剥除神秘性的要素。伴随着历史的假面舞会，这些研究本身也在表演一种次一级的假面舞蹈。但是，翻转面具的姿态尚未得到检视（观察），也许是因为对它的研究只出现在相对较新的文献中，而且只是作为一种暗示。从"错误"的一面接近（研究）面具，就是从前所未有的角度观察现象。

我们可以举里约狂欢节的例子，试以阐释翻转面具是其时代特有

11. 翻转面具的姿态

的姿态这一论点。在这个例子中（顺便提一下，它在许多方面都值得注意），大致有三种类型姿态：参与者的姿态、批判性观看者的姿态和翻转面具者的姿态（当然，任何人都可以做出这三种姿态）。参与者戴着面具在街上舞蹈，将城市变成一张巨大的面具；批判的观看者坐在看台（观众坐席）上，评选出最佳面具和最佳舞者；面具翻转者处于假期，因为在狂欢节期间，负责组织狂欢节的规划部、通信部（Kommunikation）和旅游部都会休假[①]。因此，面具翻转者或者在特雷索波利斯的山上，远离狂欢节的喧嚣；或者，对未来可能更有意义的是，他们利用翻转面具的假期，自己也跳上一段。

  如前所述，戴面具者与批评家之间的关系已被研究了数千年。这是演员与观众的关系，是实践与理论的关系，是政治与沉思（观照）的关系，简而言之，是历史性的关系。当然，狂欢节期间戴着面具的舞者的舞蹈是看台上的观看者的一种功能：他们是在为颁奖的批评家扮演王子、印第安人或火星人，而不是像前历史舞者那样作为袋鼠本身。然而，舞蹈者最初的动机并不是获得奖品。在舞蹈中，他忘记了批评家的存在。他不会如前历史时代一样，将自己使用的面具与自身等同视之，只有在自己与面具之间的批判性距离成为舞蹈本身的一部分时，他才会接受批评家的作用。至于在看台上观看的评判者，他必须抵制诱惑，避免被舞蹈的节奏吸引，以至于走上街道，穿着评判者的服装加入狂欢的人群。舞者与批评家间这种复杂的辩证关系产生了一种特别令人费解的效果：这里的面具表演发生在前历史与历史（非洲与欧洲、宗教节日与戏剧）的交界处，但它却从根本上保留了历史唯物主义等关注的

[①] 在狂欢节中，所谓的翻转面具者指那些参与狂欢节规划和组织的人员，他们通常负责选择狂欢节的主题、安排活动日程、设计舞台布景等。他们的工作类似于翻转一张面具，即把城市从平常的状态转变成充满色彩和活力的庆祝状态。——译者注

"历史"属性。

但是,面具翻转者与舞者或面具翻转者和批评家之间的关系并不能用这样的历史范畴来把握。通信部的一位官员并不在狂欢节的空间或时间内。例如,他会在得到今年活动的反馈后才开始为来年的狂欢节做准备。对他来说,狂欢节早在它开始前就已经结束了。这并不是因为他预见到了会发生什么。显然,他不知道哪张面具会获奖,也不知道观众席是否会坍塌。他对这些信息并不感兴趣。面具翻转者不是未来学家,对他来说,狂欢节在被编排的那一刻就结束了——并不是在"发生"的历史意义上"过去了",而是在"可使用的"(verfügbar)的意义上(结束了)。因此,无论是对舞者还是对批评家来说,面具翻转者都是不存在的——面具翻转者站在舞者和批评家的视野之外。舞者和批评家都知道,他们的狂欢节是被编排好的。它从来既非自发,也不遵循某种周期性节律,而是被一个系统占有;它是"被赋予生气的"(animiert),如果编排不当、资金短缺或公共汽车停摆,舞者和观众都会抱怨。不过,他们之所以抱怨,是因为程序变得可见,而它本应保持隐形。反之,对于面具翻转者来说,批评家和舞者并非作为对话伙伴或"他人"存在,而是作为被称为"狂欢节"的反转舞会的元素存在。面具翻转者不会影响舞者的姿态,而是会给予他所谓的历史自由,因为他不是面具的制作者;他也不会影响批评家的判断,而是给予他所谓的良心自由,因为他不是撕掉面具的人。面具翻转者给予戴面具者以历史自由,给予理论家以良心自由,因为他对这两者都不感兴趣:它们都在"可使用的"意义上"结束了"。如果狂欢活动侵犯了舞者或批评家的自由,那就是程序的错误,必须予以纠正,因为如果舞者或批评家的自由在狂欢中受到限制,争议就会随之而来,而这只会干扰面具翻转者的编排工作。

虽然翻转面具者的姿态是从外部向面具移动,但这与一只手移向

11. 翻转面具的姿态

手套以戴上它不同,也与工匠将手伸向手套皮革不同。将手套的里面翻出来(翻转),是为了从不可接近的一面观察手套,而不是为了使用它。当我们面对的是面具而非手套时,面具的使用不应只考虑它本身,而应将其视为系统中的一种功能,视为揭开面具的姿态:它在"去神话"的过程中揭示了何为狂欢节。有人会反对上述观点,还有人可能会进一步反对说,在这种姿态中,系统使用面具是为了在其他的姿态中揭开面具。然而,这些反对意见对理解这种姿态没有什么帮助,因为它们是从假面舞会的角度来观察它,而不是从执行者的角度来观察它。当然,从假面舞会的角度来看,假设在舞台上,演员把面具翻转过来,那么翻转面具是一种戏剧性的且可能非常有效的姿态。但是,通信部的官员在其中也扮演了某种角色的这一事实,以及在这场假面舞会中,一场翻转的狂欢节变成了一张张暴露的面具的这一事实,与官员策划狂欢节的姿态没有任何关系。例如,在策划狂欢节之时采取的距离(Abstand),正是传播部门的策划距离,也是节目的策划距离,更是各部门的策划距离。这不是一个批判性距离,而是与历史疏离(Heraustreten)的距离。正因如此,我们没有必要再退后一步去审视。一旦一张面具被翻转过来,所有的面具都变得可使用了,无论等级结构看起来如何,"面具不再是面具"(Nicht-mehr-Masken)了。也就是说,如果试图用舞台行动的历史范畴(如用政治、经济或文化动机)来解释翻转面具的姿态,这一姿态的本质,即它的非戏剧性的属性就会消失。

我们可以用另一个例子来说明其中的困难。我戴着一张纸面具,透过这张纸面具上的小孔,我看到了别人。如果我摘下面具,从外面看这张面具,我就会看到别人是如何看我的。从这个意义上说,摘下面具就是一种自我认知。但是,如果我摘下面具,从里面看向这张面具,我看到的是一个许多支点以三维的方式突起而形成的灰色的表面。此时,面具的政治、文化和美学方面都位于它的另一面,我现在是看不到(另一面)的,我能看到的是面具倒转(negative)的伦理层面。可以这么说,面具它不应该以这种方式被看到。这种"禁止"(不应该的方式)使面具得以从内部被看到。只有这种看法颠覆了我的审美范畴,因为我看到了面具"错误的"(falsche)、被禁止的一面。然而,当我这样做的时候,另外"正确的"一面就变成了假面,别人以为他们看到的是我。因此,面具"错误的"一面才是其真实的一面,因为它揭露了欺瞒。然而,面具的这种辩证法是一种"否定的辩证法"(Negative Dialektik),因为我看到的面具的灰色表面毕竟只是它倒转(负向)的一面。因此,在翻转面具的过程中,我能获得政治和伦理方面的洞见,但这种认知超越了伦理和政治意义的认知:在翻转面具的过程中,我发现自己超越了善恶。从根本上说,这种姿态(的本质)是一种超越戏剧、舞台、表演、情节(故事)的举动,是极少数非戏剧的、后历史的存在形式得以被表达的姿态之一。

有人会反对说,面具的内侧并非在转动时才第一次被看到:面具的设计者不仅看到了它,还是第一个让它存在的人。面具设计者不仅是历史性的存在(如文艺复兴时期哈莱金①的设计者或当代超人的设计者),甚至是前历史的存在(如非洲面具雕刻者或东方说书人)。既然如此,面具翻转怎么还能被视为一种后历史的姿态呢?这种反对意见是站不住脚的。面具设计者,无论是雕刻师、戏剧作家、舞台设计师还是立法者,确实会把面具的内侧做好,但他们是将其作为外在事物的一种功能来制作的。因此,即使他在看面具时,也不会把注意力放在内侧。

---

① 最初是意大利即兴喜剧(Commedia dell'Arte)中的一个角色,即身着艳丽服装的小丑或滑稽角色。后来,这个名字被用于多种文学作品和戏剧,常表现为机智、调皮的角色。从词源的角度来看,"哈莱金"(Harlequin)一词指魔鬼。——译者注

只有当面具被翻转时，这一面才会显现出来。尽管面具设计者有一套完成面具内侧的技术（如这套技术在莎士比亚那里几乎达到了完美的程度），而且人们可能会认为设计者对面具内侧是非常熟悉的（如莎士比亚很清楚从内部看福斯塔夫①会呈现何种面貌），但他根本没有意识到这一面。如果他试图审视自己的面具设计技术，他看向的不是他所制作的面具的内侧，而是他自己作为面具设计者的外显角色。也就是说，他不是从内部看向福斯塔夫，而是从外部看到了作为剧作家的莎士比亚。这丝毫不会影响我们将福斯塔夫和莎士比亚视为同一个人的叠加面具。

还有一个例子可以说明这种无法从面具中后退，而只能靠翻转面具才能解决问题的怪象。当某人当选为法兰西第五共和国的总统时，他戴上了一张相对宽松的面具，因为这是新面具，而且众所周知，这是由旧面具拼接而成的，如由第四共和国总统的面具、美国总统的面具或各种古典面具的残片拼接而成。那些已被制作者遗忘的旧面具，如家族族长的面具，会与面部更为贴合。因此，总统可以使用第三人称谈论他的面具（"总统决定……"），族长则不能。不过，尽管总统面具是新的，像非洲面具一样，是一个拼贴物，但透过它的缝隙，我们可以看到隐藏在它背后的其他面具。但是，它内在的一面是不可见的，不仅观众和演员看不到，就连分散在观众中和舞台上的面具设计者也看不到，因为当他们设计面具时，他们自己也戴着面具，如议员的面具。这就不允许他们从自己的角色中跳脱出来，去看他们正在做的事情的内在一面。

---

① 福斯塔夫（Falstaff）是莎士比亚戏剧中的一个角色，出现在《亨利四世》等作品中。他是一位富有、幽默、肥胖、放荡不羁的骑士，陪着年轻的亨利王子经历一系列冒险。福斯塔夫以滑稽的性格和诙谐的对白闻名，是莎士比亚戏剧中最具有鲜明个性的角色之一。——译者注

总统面具的灰色内里只有将它翻转过来才能得以展示。事实上，它是由什么材料制成，用于什么目的，并不那么重要，最重要的是它是按照什么程序被设计的。将面具翻转过来，我们不仅可以看到它在戏剧中的功能及其起源（面具设计者也将这些方面视为实践的一部分），最重要的是可以看到被优雅地称为"结构"的东西。但是，一旦"结构"被揭示，面具的功能和起源立刻就变得索然无味，以至于走向"终了"，因为此时，人们突然置身于戏剧和历史之外。这种"置身事外"并不像在木偶剧场里操控木偶的线（因为他们实际上在参与表演），而更像有人试图回收木偶，以用于其他目的，如造纸。

当面具被翻转过来时，它就不再是面具，而是变成一个被操控的对象。当然，我们也可以说，这种存在论上的转变是由于面具的语义维度被排除了，但继续对这一姿态进行现象学研究则更为容易。翻转面具改变了它的位置：它不再贴于脸前，而是被拿在手中。在所有与面具相关的传统姿态中，它要么在我面前，要么应该在我面前；或者不在我面前，所以它就处于我与他人之间。从这个意义上说，这些姿态是历史性的：它们关乎未来。然而，在做出将面具转过来的姿态时，我站在面具之上，我超越了它，而它结束了。这意味着这个姿态抢占了未来，并将它变为过去。

因此，这种姿态比拍摄电影的姿态更加激进，是一种后历史姿态。拍电影的姿态是对历史的剪切和粘贴。通过展示"错误"的一面，揭示历史的毫无意义，翻转面具的姿态"预示"（vorweg）了所有历史。所罗门、第欧根尼或佛陀则不同，他们看穿了所有的面具，然后确信所有历史皆为"虚荣"（Eitelkeit）。所罗门、第欧根尼和佛陀都是失望的演员和导演（Regisseure），更何况这种姿态允许所有已实现甚至可能实现的历史被编排（计划）。有了翻转面具的姿态，人们就不再是在扮演历史中的角色，而是在与历史游戏。

当然，这并不意味着我们在做出这一姿态时就不再戴面具或扮演角色了。经济学、社会学和政治学的所有戏剧规则在历史的舞台上依然有效。但与过去不同的是，它们的奏效方式发生了改变，即作为游戏规则，而不再是作为法律发挥作用。当面具可以翻转过来，我们叠戴在面具内外的其他面具不再像以前那样贴合。例如，所谓的认同问题发生了变化，身体与灵魂、观念与物质的问题也发生了变化。"在所有面具之下的我是谁？"这种所谓的洋葱问题不再成为问题。相反，曾经被称为"我"的东西现在似乎成了意识形态挂钩，钩在各种面具的内侧。面具内外两面之间的否定的辩证关系已成为真实的认同问题。这反过来意味着，尽管我们将继续戴着面具在游戏中扮演角色，尽管历史和故事仍在继续，但历史性的在世存在（世界-内-存在）几乎终结。我们会继续承受历史的苦难，继续在历史中行动，但我们不能再像过去那样参与其中，因为我们可以翻转历史中的所有角色：我们可以与历史一起游戏。

随着面具的翻转，历史失去了一切意义，但生活的意义却未必如此。相反，与历史进行游戏的本身就可以成为一种赋予意义的方式。就目前而言，并没有太多证据表明在策划狂欢节的政府部门中产生了这样的意义。但是，仔细观察，我们会发现翻转面具的姿态也是一种赋予意义的姿态。

12. 种植的姿态

与乍看上去的第一印象相反，我们在这里面对的是一种反自然的姿态。因此，从极端的意义来看，这是一种"变态的"（pervers）姿态，因为在这种姿态中，生存走向了自己的反面。这种"变态性"及所谓的生态运动将这种变态性倒转的方式，要求我们在研究了面具翻转的姿态之后，立即转而考虑这种姿态。在此，我想提出的论点是，生态论者的立场与面具翻转者的立场相同：是一种于超越历史之时获得的立场。

就像我们日常遇到的大多数姿态一样，我们没有恰当的策略以识别种植的姿态或记住它，因为它被习惯掩盖（尽管我们这些城市居民几乎不从事种植）。然而，这种习以为常阻碍了我们的记忆，使我们无法接近这一姿态的本质。种植的另一个特点是，与其他姿态相比，它是一种更多地充满神话、寓言和隐喻的姿态，所以习惯被"超习惯"（Übergewöhnliche）笼罩，观念更有效地遮蔽了姿态的本质。因此，作为一种合适的策略，我们不妨尝试进入一个种植姿态刚刚出现的情境中，如走近新石器时代的种植者。这不仅因为新姿态的时代新颖性可以揭示姿态的本质，还因为本研究认为新姿态表达了一种新的存在方式。这也是本研究的命题。在历史上，几乎没有哪个时间节点比中石

12. 种植的姿态

器时代晚期的种植姿态出现之时能更有效地支持本文论点。

想象你处于这样一个场景：一名狩猎采集者决定在地上挖些洞，把草籽压进洞里，再把洞口封上，然后等上几个月，看看会发生什么。你很难理解这种姿态的变态性（反常性），因为要想体会到这种"变态性"，你显然必须努力忘记后来使这种姿态"正常化"的所有东西。也就是说，你必须忘记全部的历史。这一变态性是存在走向自身的反面后才形成的。只有在原初的语境中观察这一姿态，排除所有的经济的、社会的、政治的解释，并且不从 20 世纪的视角，而是从旧石器时代的视角来观察它时，你才能体验到其变态性。我们之所以能做到这一点，是因为后历史的视角，或者更确切地说，后历史视角的一个方面——生态视角——现在已经变得唾手可得。

我们在亚马孙地区可能会遇到狩猎者和采集者，他们是陷阱的设置者，是"捕获者"。他建造一些用来困住小马、驯鹿或原始野兽的建筑结构，以及用来"捕获"浆果、树根或鸟蛋的篮子。更细致地观察这种姿态，你就会发现它是一个与织网相关的姿态：陷阱和篮子可以被视为网上的针脚，而这网是人们为自己撒下的。所有其他的劳动姿态，无论是制造武器还是打磨燧石，刷漆还是埋藏，都可以被理解为织网的变体，即狩猎和采集。在捕猎姿态表现出的存在形式背后，支撑它的根本的内心状态（Grundstimmung）是潜伏以待。狩猎与采集、捕获动物与收获植物之间的区别（同时构成男女之间最初的分工）似乎就是等待（潜伏）与行动节奏的不同。有一点值得时刻注意，即人类伏击猎物的方式与捕食性动物（猛兽）完全相反。捕食性动物追踪猎物是为了出其不意，人类设置陷阱则是要接受由猎物带来的意外之喜。捕食性动物在自然中等待，并作为自然在等待。它们也在等待人类，因为从捕食性动物的角度来看，人类与其他猎物并无不同。人类等待着自然，因为人类自己并不在自然之中。因此，在设置陷阱的过程中，人类站在自然之外，区分了鹿和牛、浆果和鸡蛋。为了设置陷阱，即为了生存，人类必须对自然进行分类，也就是"必须存在于外部"(ek-sistieren)。

几乎在整个人类历史上，人类都有一种特有模式：男人将动物分类，并等待动物；女人则将植物分类，并等待植物。旧石器时代的存在主义哲学家或许会对"存在"作出如下分析：人类是一种实体，与自然界中的任何其他实体都不同；人类从外部潜伏并等待着，而且是以两种方式等待着——男性的方式，即动物学的方式；女性的方式，即植物学的方式。这样的存在主义哲学家不知道的是，人类只有在大自然中才可以伺时而动，只有在大自然处于冻土时期，人类的生存才是可能的。人类是一种反自然的存在。人类的存在是因为他们在冻原上并与冻原相对而视（相互分离）。大约一万年前，在人类的存在（Vorhandenseins，作为纯粹客体的存在）接近尾声时，当环境中的树木越来越多，冻原开始变成针叶林，人类无法且不再需要"存在于外部"了。人类不再"存在于外部"，是因为在森林里很难织网，很难分类，而且也不再有必要织网和分类。在森林里，人类无需潜伏等待就可以吃饱、生存。这正是树木的矛盾性：一方面，它允许人类回归自然的怀抱；另一方面，它让人无法在其面前回到人之为人的自然状态。从存在主义的角度看，自然是草，而人类是食草的存在。但是，自然哲学家、存在主义者和生态学家都没有充分地认同这一点。

这正是我们要强调中石器时代思想家处境的原因。我们直到现在才得以评估树木出现后被开启的三种策略（我们怎么能指望这么快就认识到机器进入世界后会开启哪些策略呢？）：第一种策略，与树共存，在树林中生活，以树为生，从而回到"前生存"状态（天堂）；第二种策略，回避（ausweichen）树木，跟随动物进入正在消失的冻原，并努力继续生

12. 种植的姿态

存下去；第三种策略，对抗树木，烧掉或砍掉它们，为草的生长腾出空地，让生存继续。这些策略都没有成功，但失败却有三种不同的形式：接受树木（与树共存）并没有带来天堂，而是带来了所谓的原始文化；回避树木并没有维系狩猎，而是导致牧民饲养动物；对抗树木也没有维系狩猎，而是导致了农耕文化，即带来了我们自己的生存形式。冻原狩猎者的姿态如何转变为亚马孙河上渔民的姿态和针叶林中牧民的姿态？这是一个引人入胜的问题，但此处的重点是，这些姿态如何逆转为种植的姿态。

正如古人知晓而我们已遗忘的，种植的姿态是等待姿态的序曲。在将泥土覆盖在种子上之后，人们坐下来等待。拉丁语"cultura"的词源是"colere"，其含义不仅有"收获"，还有"照料"，即专注地等待，在呵护中期待。而"agricultura"（农耕文化）不仅是种植和收获，更重要的是充满渴望、满心珍惜地注视。这种姿态似乎也是一种潜伏等待，就像狩猎和采集一样。但这是一种变态性逆转，因为这样做不同于结网设置陷阱的出其不意，它是为了引发一个必然导致预期结果的过程：成功的狩猎是不可预见的好运，失败的狩猎则是常态。然而，坏收成是意料之外的厄运。把潜伏变成等待，把冲突转变为非暴力，把致命的恐惧变成小心谨慎，也就是将不可预见变为必然，这就是把狩猎和采集变成种植的关键点。正如我们所知，种植是所有权和战争的根源，从我固守我所坚持的东西的意义来看，这是等待的根源。

要想进行种植，只是看到"偶然地"四处分布的种子在狩猎场周围开始发芽是不够的，哪怕一些安慰人心的解释如此声称。拒绝森林、清除森林的决定必须提前作出。种植的工具不仅有铁锹和犁，至少还应该有斧头和火种。这在热带地区（和西伯利亚针叶林区）很明显，但在那些不再与森林为敌的地区，人们已经忘记了这一点。种植意味着挖洞,意味着强迫自然变为非自然(文化)。这些洞所在之处是树木曾经挺立的地方。简而言之,种植就是把树连根拔起,空出地方以便让草生长。随后的种植,不管是种草还是其他行为,甚至连种树也没有改变什么。这只能说明种植的本质被习惯和神话掩盖到了何种程度。罗马人知道什么是农业:通过将森林引入居所(domus),即通过扩大地球的周长(orbis terrarum),来主宰自然。因此,对罗马人来说,"种植"的同义词不仅包括"文化""帝国主义"和"统治",还包括"整顿"(legis-latio①)的姿态,因为有序排列(整顿)的种植的行为将不可预知变成了必然,并将潜伏变成了等待。真正的种植者是罗马军团的士兵(19世纪的殖民势力仍然知道这一点,因为"殖民统治"与"耕作"是同义词,"种植者"与"士兵"是同义词)。种植的姿态具有许多神话、两性、经济、社会和政治内涵,但更重要的是,我们要认识到它的基本取向,即挖洞,以将不可预知变为必然。

因此,种植不仅颠覆了狩猎和采集,也颠覆了自然,以至于后来出现的所谓自然法则也被颠倒了,目的是符合人类的意图。自新石器时代以来,小麦按照植物学规律成功地生长,以满足烘焙的意图;飞机几十年来按照空气动力学规律成功地飞行,以满足旅游的意图。这些真可谓奇迹。在上一个千年中,种植显然变得更加技术化,因为对种植的理论性距离持续地增加。种植是机械化的,施肥依靠化学技术,改变植物依靠生物技术,成熟(等待)的节奏被人为控制了,如像日本那样使用人工照明的旋转种植箱。但是,在所有这一切中,新石器时代最初的种植姿态基本被保留了下来,即决定将自然界自身的规律性与自然界本身对立,从而不仅像狩猎和采集那样主张人类的存在高于自然界,还迫

---

① 拉丁语,直译为"立法行为"或"法律的制定"。——译者注

12. 种植的姿态

使自然界否定自身。种植的姿态是一种强大且暴力的姿态。

自新石器时代以来,种植的姿态使人类得以生活在一个人为的世界中,即生活在一个因其自身规律而被迫成为冻原的针叶林中。它生存于冻原,又与冻原相对抗。为了生存,它将针叶林变成了冻原。用"自然"或"艺术"来代替"冻原"和"针叶林"再简单不过了,因为这就是种植面对世界和生存的反常姿态:它如此彻底地颠倒了人和世界,存在论的概念也因此变得相当混乱,以至于我们再也无法区分"被给予的"和"被创造的",也无法区分"自然"和"艺术"。

在这一语境下,我们能看到的是生态运动。目前,它正向政治领域推进,其目的是混淆政治领域。但是,在可预见的未来,其趋势是瓦解政治。这场后历史运动似乎试图从技术(历史)的污染中将大自然拯救出来,以避免人类在自己的排放物中窒息,即向反方向扭转历史。但是,由于我们已经无法再把握"自然"的概念,如认为石头比混凝土更自然、矿泉水比可口可乐更自然已经没有任何意义。因此,这场运动并没有用"回归自然"这样浪漫的词语来称呼自己,而是更结构化地称自己为"关系科学"(oikós①)。然而,从"请怜悯我们的森林"和"拯救我们的海洋"等口号中可以判断出这一运动的实际含义:它主张植树造林,消灭红藻。因此,无论是生物理论还是经济理论,都不足以从根本上理解这场运动。相反,尝试把握其存在主义的立场是极为必要的。

这是一场反对将针叶林变为冻原的运动,是一场反对自新石器时代起就开始的砍伐和焚烧树木的运动。习惯和神话使人们遗忘了种植

---

① 该词指古希腊城邦形成之前的居住共同体,通常译为"家庭"或"家务"。在古希腊,它不仅指代物理上的家庭,还包括家庭成员之间的关系和家庭内的活动。此外,"oikós"的衍生词,如"oikónomia"(经济学)、"oikónomos"(经济学家)等,反映了家庭管理和资源分配的概念。——译者注

姿态的本质，所以人们很难发现这一生态运动意味着种植姿态的逆转。种植者想要种草而不是种树，不是因为他喜欢文化胜过自然，而是因为他想要恢复旧石器时代所面对的自然。相反，生态运动希望种树而不是种草（或其他技术产品），也不是因为它喜欢文化胜过自然，而是因为它希望恢复新石器时代曾经对抗的自然。种植者砍伐树木种植作物是为了收割和收获，因为他面对着草生存，并且要生存下去就需要草。生态学家主张割除草而去种树，他们不再作为面对草的存在，而是作为面对以草为生的自己的存在，远远地看着"树—草—树—草"的循环模式。

  这让我们有机会一窥每个姿态所表达的超越性：狩猎和采集是超越人类物质环境的姿态，是为了捕捉世界而在织物的网中将世界分类的姿态；种植通过操纵世界，将世界变成可被采集的世界，从而使自身成为一种超越狩猎和采集的姿态；生态运动的姿态超越种植的姿态，它从外部观察世界，将一种"策略"强加于世界。同时，种植者是反向的采集者，生态论者是反向的种植者；农民是反向的游牧民族，生态论者是反向的农民；猎人是前历史的，农民是历史的开创者和载体，生态论者是后历史的。猎人将不可预见的世界编成目录（网、织物），农民强迫世界进入一种秩序（耕地），生态论者将世界视为关系（关系科学）。猎人的超越是内容的，农夫的超越是形式的，生态论者的超越是人工智能的。

  种植的姿态是历史性的姿态。它是戏剧性的，是一种行为，而且是一种行动。这就是为什么罗马人称田地为"ager"，称种植为"agricultura"（有控制的行动）。在历史的长河中，这种姿态一变再变，以至于我们几乎无法辨认出它最初的形态。但现在，它开始转向其反面，即向植树和生态学转变。"oikós"（关系）与"ager"（田地）恰恰相反：它不是行动（agieren）的领域，而是行动-反应（Sich-Verhalten）的领域。

12. 种植的姿态

在这种反向的姿态中，人不再是面对客体的主体（行动者），而是创造关系背景的程序设计者。那些要求我们同情而非憎恨森林的人的姿态，是超越历史的姿态。因此，这种姿态可以让我们推测实存的危机的姿态：生态论者与种植者以不同的方式存在。简而言之，生态论者不再是政治性的存在，而是生态性的存在。

13. 剃须的姿态

理发师的工具相当于园艺师所用工具的缩影,所以理发师的姿态可以与园艺师的姿态相比较。当你这样做的时候,就会出现一些问题。仔细检视这些问题,则可能会深深地触及现在的实存性问题。例如,园艺是一种化妆吗?是一种对人类皮肤的美容术吗?或者相反,美容护肤是某种园艺,是对人类自然环境的一种艺术化吗?换句话说,草坪是某种胡须吗?还是胡须是一种草坪呢?(我们对这两个问题都可以给出肯定答案。)又比如,园艺师对草的姿态是一种改变自然的姿态吗(草坪对园艺师而言和客户对理发师而言是一样的吗)?抑或相反,理发师对胡须的姿态是一种矫正的姿态吗(客户对理发师而言和草坪对园艺师而言是一样的吗)?再比如,由于这两种姿态都受制于问题颇多的流行现象,那么美容的时尚(如头发或胡须的长度)是否源自城市化的趋势(如郊区化和别墅增加的趋势)呢?抑或相反,是城市的流行在追随美容的流行?抑或我们是否应该寻找某种比较的中间项(tertium comparationis),如"时代精神"或"唯物辩证法"?这些问题源自电动剃须刀和割草机的相似性,或给胡须定型和给灌木丛定型的姿态的相似性(可以提出一系列这样的问题)。归根结底,它们指向尚存疑问的皮

13. 剃须的姿态

肤的概念——皮肤是一个不确定的"无人地带",被用来标示人与世界之间的不确定性区域。剃须和园艺都可以被理解为皮肤学的姿态(dermatologische Gesten)。这一事实表明,皮肤内外两侧都具有很强的渗透性,但即便具有渗透性,它仍表明人与世界间的一种阻隔。

当胡须被剃下并留在剃须装置中时,我们很难避免产生对存在论的反思。在剃须的过程中,胡须改变了它们的存在论位置:此前它们是我身体的一部分,现在则是我所持装置(剃须刀)的一部分。本体位置的变化是劳动姿态的特征。"劳动"的意思是用某种东西制造另一种东西,如用自然物制造出人造物。因此,剃须的姿态就是一种劳动的姿态。但是,在这个姿态中,与位置变更相关的并非事物,而是与做出姿态的人有关。因此,它必须被视作施诸自身的劳动。可一旦如此,我们就会发现已经错过了这一姿态的本质。一方面,任何劳动的姿态都可以改变做出姿态的人,如鞋匠的姿态让人变成了鞋匠,但剃须的姿态与这种自我改变无关;另一方面,也有一些姿态试图改变做出姿态的人,如阅读或旅行的姿态,但剃须的姿态既不是要改变世界上的某样东西,也不是要改变做出姿态的人,而是要改变做出姿态的人及其所处世界之间的皮肤。因此,它既不是狭义上的劳动的姿态,也不是仪式姿态,而是劳动和仪式之间的姿态。它可以被称为皮肤学的姿态,或者如果我们能从"美容"(Kosmetik)这一词语中认识到它的词源"宇宙"(Kosmos[①])的话,它也可以被称为美容的姿态。

在剃须的过程中,原属于身体一部分的胡须变成了剃须装置的一部分,但由于这是一种皮肤学上的姿态,即发生在人与世界之间的"无

[①] "Kosmos"在古希腊语中最初的含义为秩序、宇宙、和谐。它表示一个有序、井然的世界,与混乱(chaos)相对。随着时间推移,该词发展为指代整个宇宙。在词源学上,它是"化妆"(cosmetic)的词根,指通过化妆带来外表的和谐与美观。

人之地",剃须引起的胡须存在论上的改变就成了棘手的问题。一方面,一些问题出现了,如这些胡须是否真的曾是我身体的一部分,或者它们是否在掉落前就已被驱逐出了身体,而剃须并不直接旨在完成分离;另一方面,剃须刀可以被理解为身体的延伸(将工具定义为人工智能的身体器官)。从这个角度看,胡须的存在论位置在剃须时并没有被改变,它只是从身体的一个位置转移到了另一个位置,整个身体因而被视为一个由剃须者操纵的装置。最后,有人可能会争辩说,胡须在剃须过程中发生的变化指胡须从有机世界(身体)转移到了机械(无机)世界(剃须刀)。这就提出了一个无解的问题,即如何从胡须的结构、功能和存在论位置来定义胡须的器官学(Organologie)。所有这些难题都表明,在剃须这一动作中,我们关注的是一个不确定的中间领域。

要解决这些难题,我们必须让姿态本身说话。只有这样,我们才能摒弃"我有一个身体"或"我是一个身体"之类的观念性先入之见的影响。剃须姿态的对象是做出姿态的人。在这一姿态中,他既是行为者又是对象,既是姿态的执行者又是姿态的承受者,所以这一姿态提供了一种非同寻常但实际上并不辩证的体验。人们可以感受到手是如何引导装置(剃须刀)在皮肤上移动的(作为主体),也可以感受到皮肤是如何被装置刮过的(作为客体)。但是,在主客体的关系中,人们并不会感觉到这两种体验之间存在冲突。这就是所谓的"边缘体验"(Grenzerfahrung,神秘主义者试图在完全不同的背景下谈论这种体验)。继续从生理学(如神经学)角度解释这种双重体验是容易的,但这不具有生产性,因为这种姿态的关键不在于生物学上可解释的移动,而在于"行动"与"受动"同时发生的存在性和矛盾性。在认真对待这一现象时,我们会遇到疼痛问题。

我们很容易简单地说一句,即如果我们感觉到疼痛,我们就不剃须

13. 剃须的姿态

了。进而言之，行动与受众之间必须保持平衡，这就是被称为"皮肤"的中间领域的体验。然而，我们知道这种说法是错误的。首先，剃须与文身或整容手术不同，它原则上不会引起疼痛，因为它并未深入皮肤。剃须是一种发生在皮肤表面的姿态，它所涉及的疼痛不是可以监控的边界，而是一种意外。其次，剃须的动机与文身或接受整形手术一样，都将疼痛作为动机的一部分。虽然有一定的疼痛风险，但人们还是会剃须，而且通常能避免疼痛。因此，疼痛现象在这一姿态中并不扮演关键角色，哪怕剃须和疼痛显然具有某种关联。

要阐明这种关联情况不应只凭疼痛的强度来解释，我们不能说痛感越强，这种姿态就越能由外而内地从世界深入受动者（剃须者）。或者换种说法，称剃须是一种肤浅的自我分析，因为剃须原则上不会引起疼痛。这种主张是站不住脚的，原因有很多，而神经学方面的原因又一次成为最无趣的一种。

更有趣的是，剃须与自我分析恰恰相反（尽管剃须时会照镜子），即剃须不是为了认识自己，而是为了改变自己（成为与目前的自己不同的人）。同时，剃须会带来疼痛并不是因为剃须刀会意外地刺入皮肤，而是它不会刺入。从本质上看，剃须是一种覆盖。

我们可以通过思考流血来进一步接近剃须中的疼痛现象。如果剃须时出现血迹，哪怕只是皮肤敏感发红，人们也会产生一种事与愿违的感觉。也就是说，剃须时的疼痛与其他疼痛不同。通常情况下，人们会避免疼痛，因为疼痛与所有姿态的意图（所谓的"快乐"）相反。在剃须的过程中，疼痛并没有被避免（它被接受为交易的一部分），但出血却被避免了。事实上，剃须技术的所有进步都是为了避免出血，而非避免疼痛。剃须时的疼痛是出血的征候，是剃须出了问题的信号。疼痛并非与这一姿态的意图相反，它只是与这一意图相反的征候：如果出现疼痛，人们就会停止剃须，因为他们害怕的不是疼痛，而是为了避免出血。在这个意义上，是疼痛在为剃须设限。

由此，我们可以看出剃须这一动作的本质。显然，剃须是一种清除面部胡须的姿态，但它并不是为了露出被胡须覆盖的脸。它既并不意味着让面部向世界敞开，也并非一个让面部更容易接触世界的姿态，如让面庞更容易感受到轻风拂过。如果这就是剃须的意图，剃须的目的就是刺激面部皮肤，使皮肤内部更接近世界。相反，剃须是为了强调人与世界之间的界限。剃须使皮肤而非面部变得可见，这意味着它使人与世界之间的界限变得可见。剃除胡须不是因为胡须遮住了脸，阻碍了人与世界的交流，而是因为胡须遮住了人与世界的差异。剃须的目的不是与世界建立联系，而是为了与世界保持距离，并在世界中坚持自我。这是通过显露处于人与世界之间的皮肤来实现的。年轻人留胡子不是为了隐藏自己，而是为了表达对自我与世界之差异的怀疑。胡须是对认同的拒绝。

上述内容为研究各种形式的胡须开辟了广阔场域。在这里，胡须不应被视为面具，而应被视为面具上的孔洞。这一场域之所以引人入胜，是因为它为历史哲学和流行哲学（剃光头的恺撒和留胡子的耶稣）打开了一个陌生的入口，还因为它允许研究胡须和乳房之间的相似之处（如妇女解放运动）。遗憾的是，这一领域过于宽泛，我无法在此一一列举，但我们不应忽视任何强调界限的姿态所表达的矛盾心理。这种矛盾心理在剃须中表现得尤为明显。

如果我强调皮肤，即强调自我与世界间的差异，我就是在定义世界和自我。这意味着我站在两者之上，与两者保持距离并相对而立，因为"定义"意味着否定，在定义"是什么"的同时，即在说它"不是什么"。在剃须时，我与自我背道而驰，让自我缩小。这实际上并不是因为我剃掉

13. 剃须的姿态

了胡须,而是因为我在强调自己与世界的差异。剃须刀顾名思义就是缩小自我的工具。这就是皮肤被剃刀刮过时的感觉。然而,在剃须的过程中,我也与世界背道而驰(向"自我"靠近),让世界变小,尽管我把胡须转移到世界中。我让它变小,是因为我把自己——除了胡须之外的所有东西——从世界中抽离出来。这就是剃须的那只手在将自我从世界中剥离,继而定义世界时的感受。前一晚长出的胡须模糊了我与世界的界限,所以每天早晨当我剃须时,仿佛也是在切断连接我与世界的"脐带"(Nabelschnur)。

剃须的矛盾性在于,我们面对的是一种事实上能够澄清和区分(寻求对人和世界的清晰而明确的认知)的姿态,但也正是由于这个原因,人和世界的姿态被同时削弱了。反过来说,剃须的矛盾性在于与皮肤的接触,也就是与"无人地带"的接触。这种接触是可能的,因为皮肤是可渗透的,这意味着它既可以作为中介,也可以作为客体从内部或外部进行体验。不过,皮肤的这种渗透性并非辩证的(在剃须时,手的体验和皮肤的体验并无区别)。因此与皮肤的接触是静态的。从这个意义上说,它是对分离结构的反动性依附。剃须的姿态是一种形式性合理化的姿态,是一种古典的、浪漫主义的姿态,是一种反革命的姿态。当然,我们不能说任何刮掉胡子的人都是法西斯主义者,但我们可以说法西斯主义者不可能满脸胡须。

从这里开始,我们可以继续比较理发师和园艺师、美容师和城市规划者,以及社会工程师和生态保护者的姿态(为什么不呢)。这些姿态的目的既不是使自然人性化(创造文化),也不是使人类自然化(为人类保护自然),其意在强调和扩大人与世界间的边界区域,即"皮肤"。这些都是皮肤学的姿态。园艺师、规划师和生态保护者在皮肤上和皮肤内为皮肤劳动,因为花园、郊区和森林保护区是人与世界间的皮肤,是不断生长和增厚的皮肤。园艺师、规划师和生态学家都是美容师,他们追求的不是人类的在世存在,而是一种"美容"形式的人类存在,如追求一种品味不高的审美存在。他们是为了扩大人类与世界间的差异而将杂草、污染物及混凝土建筑推倒、清除掉的"理发师"。

有人可能会说,我们将进入一个和谐的、宇宙性(kosmisches)的时代,即一个美容的(kosmetisches)时代。在这个时代中,人与世界不断变小,而人与世界间的皮肤,即所谓的环境,则变得越来越秩序化。不过,我们也可以说,现在已经出现了一种反对将人与世界间的一切联系都剃除的趋势,如胡子之类。美容的世界是流行(Mode)的世界,即现代(Moderneres)的世界。因此,最现代的东西莫过于生态、环境、生活质量。简而言之,没有什么比剃须更为现代的东西了,但这种现代性,即现代和剃须的姿态,可能正面临危机。这篇文章并非在宣称这一点,而只是提出了一种建议。

14. 聆听音乐的姿态

先知(Sehers)的姿态已经在神话和传统中彻底定型,以至于在电视和广告中,我们时时处处都能看到它已变成一种姿态,如政治家坚毅地凝望星空的姿态。思考者的姿态在罗丹①的作品之后,也已然成为定式。相反,尽管聆听者的姿态也与观看和思考有关,但它似乎并没有以同样的方式被刻板化,因为它涉及的不是身体的运动,而是身体的体态(Stellung)。然而,从姿态的视角来考察中世纪的图像学,我们会发现聆听的姿态是一个核心主题。这是圣母玛利亚在圣灵感孕时的样子,是一种因话语(逻各斯)而受孕的姿态。玛利亚"感孕",也就是说她听到了一种声音。考察肇始于文艺复兴的聆听姿态如何变化,是颇具启发性的。在哥特式艺术时期,玛利亚表现出惊讶、被感召的姿态,而在文艺复兴时期,玛利亚表现出决然、专注的姿态。与聆听音乐相关的文艺复兴的姿态对我们而言是有意义的,因而我们应该关

---

① 奥古斯特·罗丹(Auguste Rodin, 1840—1917),法国雕塑家,被誉为现代雕刻艺术之父,其最著名的代表作为《思想者》,另外还有《吻》《青铜时代》等雕塑作品。他的雕塑传承了文艺复兴时期的艺术,展现出他对人体肌肉和结构的深刻研究。——译者注

注基兰达约①,而不是乔托②。

然而,大量疑问直接涌出。音乐与说话的声音(logoi)是以不同的方式被听到的。听人说话时,人们一边听一边解码,同时还在"读",这就是听觉障碍者能读唇语的原因。但在听音乐时,人们无法做到这一点。玛利亚听、读,也就是"受孕"(konzipieren③)的意思。事实上,听音乐也存在解读,因为音乐是符号化的声音,所以音乐信息与话语信息一样具有逻辑性(logisch)。但是,听音乐不是"语义解读"(semantisches Lesen),不是对符号化意义的破译。因此,尽管历经几个世纪的讨论,对音乐的解读总是见仁见智,难以统一。不过,我们其实应该能从聆听姿态本身认识到这一点。在文艺复兴时期的画作中,玛利亚圣灵感孕的姿态可以作为一个起点,因为要聆听音乐就要集中注意力。然而,即使身边有拉小提琴的天使陪伴,玛利亚也并不是在听音乐,她正在接收的是信息。我们充其量可以说,玛利亚被置于音乐的模糊的临界状况(Grenzfall darstellt)中,换句话说就是她听到的是某首"歌"(Lied)。

如果我们对此表示认同,那么混乱就开始了。我们假设玛利亚在圣灵感孕之时听到了某种歌曲,那聆听姿态将取决于她聆听的歌曲,因为听《马赛曲》的姿态毕竟不同于听滚石乐队歌曲的姿态,也必然与玛利亚的姿态相区别。如果以玛利亚的方式聆听《马赛曲》,或者玛利亚

---

① 多梅尼科·基兰达约(Domenico Ghirlandaio, 1449—1494)是文艺复兴时期意大利的一位著名画家和壁画家。他有一幅特别著名的壁画,名为《圣母颂》(*Madonna del Magnificat*)。这幅作品的特别之处在于它的音乐主题,以及基兰达约如何将音乐元素融入其中。圣母玛利亚的手势和表情似乎在回应某种音乐或旋律,而天使和圣徒们的姿态也似乎在聆听或参与某种宗教仪式。这种对音乐的描绘在当时是非常具有创新性的,它展现了文艺复兴时期的艺术家对人类精神世界的深入探索。——译者注
② 乔托·迪·邦多纳(Giotto di Bondone, 1266—1337,一说 1267 年出生)是意大利文艺复兴初期最伟大的画家和建筑师之一,被视作文艺复兴艺术的先驱。——译者注
③ 该词作及物动词时具有"构想""计划""制作草稿"的含义。——译者注

在圣灵感孕时正在行军,那么音乐信息就会以某种方式被错误地接收。但是,一种方式如果适用于听歌,通常也适用于聆听一般的音乐。聆听的姿态因我们听的是室内乐还是电影配乐,是电子音乐还是口风琴的声音而有所不同。如果我们承认姿态取决于被接收的信息,就像接住被抛来的物体一样,我们就会开始怀疑谈论一般情况下聆听音乐的姿态有何意义。

然而,在我们的仔细推敲后,这种困惑将迎刃而解,因为聆听音乐的姿态对信息有高度依赖(事实上,不仅依赖信息的内容,还依赖所谓的"渠道"),同时允许并鼓励我们寻找所有此类姿态的共同核心。一个人有多种聆听方式,这取决于他听到的是歌剧还是(印度的)传统音乐拉格①。然而,听歌剧的方式又有不同,取决于歌剧通过电视还是黑胶唱片播放。因此,我们必须问:我们怎样才能合理地把这些特殊的聆听形式结合在一起,形成某种聆听音乐的一般情况?因为事实上,听电视上的歌剧和听黑胶唱片上的拉格音乐的姿态,似乎与其他听音乐的姿态有显著的区别,哪怕这些姿态似乎与欣赏音乐的姿态相近。听电视上的歌剧肯定与听黑胶唱片上的拉格音乐更为相近,而与听电视上的体育赛事转播或听录音带上的政治讨论差异较大。我们需要将注意力集中在聆听任何音乐的共同核心上,而非关注具体聆听形式之间的显著差异。

考虑到聆听音乐的姿态比几乎其他任何姿态都更彻底地取决于所接收的信息(在电视上听歌剧和在政治集会上听《马赛曲》的区别远大

---

① 印度古典音乐家通过即兴演奏来展现拉格的魅力,他们会根据传统的框架即兴创作音乐,同时保持旋律的本质特征。拉格音乐的表达非常丰富,能表达从喜悦到悲伤,从热情到冥想等各种情感。在印度文化中,拉格不仅是一种音乐形式,还与哲学和人的精神世界、日常生活紧密相关。——译者注

于读小说和读政治小册子的区别),我们可能会产生以下设想:聆听音乐是一种与聆听者接收的信息相对应的姿态;这种姿态会因信息的不同产生形式上的变化;这种变化本身就是所有形式的共同点,并使其成为聆听音乐的姿态。文艺复兴时期玛利亚圣灵感孕的这一姿态证实了这一论点:玛利亚敬听(horcht),也就是服从(gehorcht),从而调整自己以适应接收到的信息。

然而,这个命题至少会引发两种反对意见。首先,如前所述,听音乐的姿态是一种体态(身体的姿势),而不是身体的活动(运动),即使这种体态并不固定。因此,它并不像抓取物体那样积极地进入接收过程。当然,我们偶尔也会看到听众用脚打着节拍或似乎吹起口哨,但这些就像人在阅读时嘴唇会动一样,本质上是一种内在紧张的朴素释放。因此,我们不能在通常意义上谈论对信息的适应,就像抓住一个物体或跳舞一样。其次,听觉信息的特点是,它们实际上不是被接收,而是被传达(贯穿)。人体是可以被声波穿透的。这些声波使人体振动,并对人体产生影响。人体确实有特定的听觉器官可以将声波振动转换成其他振动,如电磁波振动,但音乐会使整个身体而不仅是听觉神经处于振动。因此,当信息本身将其形式强加给听众时,就谈不上我们对信息的适应了。

尽管存在上述两方面的异议,我的假设仍然是成立的,即与其他姿态不同,听觉姿态本质上是身体对声波信息的适应。这不仅是因为这两种反对意见都不足以推翻这一假设,而且奇怪的是,只有通过这两种反对意见,我们才能知道聆听作为对声波的适应是怎么回事。因此,我们现在将对这两种反对意见进行更深入的研究。

聆听音乐是一种身体的姿势,也就是一种内心的紧张。这种紧张在以运动的方式被表达出来的时候就会被缓解。因此,这就是一种对自己的否定。在这方面,聆听音乐的姿态相当于立正或拳击手的防守姿势。正如卫兵不能在打喷嚏时仍保持正确的站姿,听众也只有集中注意力,即以某种方式关闭肌肉和神经,才能很好地聆听。卫兵和拳击手与音乐听众的区别在于,他们不是专注于接收,而是专注于行动。也就是说,他们的注意力是由内而外的。反之,聆听音乐的人实际上并不专注于自己,而是——在身体内部——专注于传入的声波。也就是说,在欣赏音乐之时,身体变成了音乐,音乐变成了身体。

因此,聆听音乐的姿态是一种音乐被具体化(verkörpert)的身体姿势(Körperstellung,在聆听过程中,通常不再可能区分情节与激情、行动与疼痛,因此也不再可能区分音乐与身体)。因此,那种认为聆听者处于被动姿势,因而无法适应信息的反对意见是站不住脚的,因为聆听者在聆听的过程中,他自己就是他所听到的(音乐)——适应音乐意味着成为音乐。当我们考察第二个反对意见时,这个问题的症结(在此不作任何浪漫化处理)就显而易见了。

声波可以贯穿身体,但方式与 X 射线不同。在不涉及物理细节的情况下,声波和伦琴射线①穿过人体腹部时显然会产生不同的影响。人们可以感受到它们,并意识到自己经历了它们的影响。在希腊语中,"尽管知道还要经历"被称为"pathein"。腹部(以及胸部、性器官、头部——总之,准备振动的所有身体部位)对音乐的接收就是共鸣(Pathos),其效果就是与信息产生共情。这种情感效果只与听觉信息相应。在所有其他信息中,这种效果只是隐喻性的。在聆听音乐时,一个人被信息"触动"完全是肉体意义上的(而非隐喻意义上的),他共情

---

① 伦琴射线一般指 X 射线。德国物理学家威廉·康拉德·伦琴(Wilhelm Conrad Röntgen)在 1895 年首次发现了这种电磁辐射。——译者注

于信息的情感效果（我们在此很容易想到潘①和奥菲斯②，也很容易想到空气动力学）。

然而，问题并没有那么简单。首先，肝脏和鼻腔的振荡方式可能不同；其次，肝脏和鼻腔与神经系统的连接方式也不同；最后，有一种听觉神经专门负责接收声波。因此，与信息的共情是一件复杂的事情，其复杂性不仅在于身体相互独立的振荡之间产生的控制论（人工智能性的）反馈，还主要在于"感觉""愿望""梦想"和"思考"等动词，以及"快乐""爱""渴望"和"美"等名词实体词，是日常语言中命名这种复杂的共情体验的词汇。总之，人体对声波的渗透性问题并不那么简单，因为它被体验为快乐、数学秩序和美。

没有哪种体验能像聆听音乐那样有力地证明了"心灵"（精神）、"灵魂"和"智慧"都是命名身体过程的词汇。然而，聆听音乐并不是所谓的"临界情况"（Grenzfall）。我们不能说听音乐是某种按摩（如透热疗法），可以刺激心灵的某个方面。恰恰相反，在聆听音乐的过程中，心灵、灵魂和智力都达到了一种最高形态（如果不是巅峰形态）。在声学按摩的过程中，听者的心灵和信息发送者的心灵结合在了一起。从生理学和神经学的角度研究聆听音乐的过程也许是一个不错的方法，有助于我们理解诸如"逻辑思维""创造性想象"或"直观理解"等过程的身体层面。

---

① 潘是希腊神话里的牧神，众神传信者赫耳墨斯之子。在希腊神话中，牧神潘发明了芦笛，也称潘笛。据说潘神的笛声有魔力，容易让人陶醉忘我（一说催眠），甚至对希腊众神同样有效。——译者注
② 在希腊神话中，奥菲斯是传奇的音乐家、诗人和神话英雄。奥菲斯以其美妙的音乐技艺和歌声而闻名，据说他的音乐能驯服野兽、让木石生悲。他是伊阿宋寻找金羊毛冒险之旅中至关重要的一员：先是用琴声催眠了守卫金羊毛的巨龙，归途中又用自己的歌声击败了塞壬女妖的魅惑歌声。——译者注

14. 聆听音乐的姿态

总结针对音乐本质上是身体适应信息这一论点的两种异议，我们可以说，这两个反对意见表明了"身体"和"适应"在此语境中的含义。在聆听音乐的过程中，身体变成了音乐。事实上，身体在任何一个时刻采取的姿势都对应了音乐在此时带给他的内在张力。身体之所以能采取这种姿势，是因为它以一种极其复杂的方式与音乐中的感染力产生共情。在其他语境中，身体这种复杂的共情方式被称为"感觉""思考""渴望"。我们也可以换一种更彻底的说法，即聆听音乐是一种姿态。在这种姿态中，通过声学按摩，身体变成了心灵。

这种通过声学手段将身体精神化的过程（这一过程无法与任何其他身体性事件相提并论）在细节上是完全不透明的。用控制论（人工智能）的术语来说，它是一个所谓的"黑箱"。因此，作曲家不可能设定如下目标：我要让听众的唾液腺以某种方式振动，从而思考和感受赋格曲①的几何结构及整个世界的逻辑面向；或者，我要让听众的口腔以某种方式振动，从而让他们在精神上体验到无条件的、包容一切的爱。尽管巴赫和贝多芬都无法以这种方式作曲，但他们的意图就是要让听众产生这种效果。他们以控制论的方式行事，即操纵被称为"身体"的黑箱的输入和输出。他们输入（声波）振动，输出爱与逻辑，并不劳神去关心身体内部发生了什么。因此，将音乐欣赏描述为一种听觉性按摩并不是对精神的亵渎。相反，它让我们第一次清楚地看到了精神的奥秘，特别是音乐的神秘之处，即黑箱内部神秘的黑暗。只有让音乐回归声音，让精神回归神经和肌肉，我们才能一窥情感效果的秘密、魅惑性的

---

① 赋格曲是复调乐曲的一种形式。"赋格"为拉丁文"fuga"的音译，原为"遁走"之意。赋格曲建立在模仿的对位基础上，从16—17世纪的经文歌和器乐里切尔卡中演变而来。作为一种独立的曲式，赋格曲直到18世纪才在约翰·塞巴斯蒂安·巴赫的音乐创作中得到了充分的发展。同时，德语"Fugen"还具有接缝、焊接的含义。——译者注

神秘和毕达哥拉斯的"定理"。音乐和数学在和谐中作为"对周围事物的感受"(perí-pathein，通过情感)和"内在的体验"(em-pathein，进入情感)，成为通向美与善(kalokagathia)的智慧的艺术(技艺，techné)。

聆听音乐是一种身体转向普遍数学①(mathesis universalis)的姿态。它之所以能做到这一点，是因为声音的振动不仅能贯通身体，还能与身体的皮肤产生共鸣(一起振动)。皮肤是人与世界之间的"无人地带"，它从边界线变成纽带。在聆听音乐的过程中，人与世界间的隔阂消失不见——人战胜了自己的皮肤，或反过来说皮肤战胜了自己的人类。在聆听音乐时，皮肤的数学性振动传递到肠道，传递到"内心"。这就是"狂喜"，是"神秘的体验"。它打败了黑格尔的辩证法。在聆听音乐的过程中，人类通过发现自己即世界、世界即自己，从而不会在发现自己时失去世界或在发现世界时迷失自己，因为他和世界并不是主客体之间的矛盾存在，而是作为"纯粹的关系"，即作为音响的振动而存在。只有在聆听音乐的过程中，人们才能在身体上，具体而言，在神经、字面意义上，具体地体验到科学所说的"场"和"相对性"。就像在"声音的场域"中一样(声场是引力场的一个特例)，人们体验到自己与世界的关系，即相对于彼此，成为一体——此即胡塞尔所说的"纯粹的意向性"(pure Intentionalität)。由此，聆听音乐就是一种"绝对性"的体验，即在普遍性数学的场域中，主体与客体的相对性体验。

聆听音乐是一种通过将皮肤从边界转变为联结，从而超越皮肤的姿态。这是一种狂喜的姿态。可能还存在其他狂喜的姿态，如我们可以通过化学方法(如药物)或机械的方法(如瑜伽)，迫使身体战胜自己。当然，我们也可以通过心理暗示的技巧激起身体的反应，从而导致狂

---

① 笛卡尔创造的术语，即不将数学区分为代数与几何学，而是将其视为整体。——译者注

喜。圣特蕾莎可能就是其中一例。但是，聆听音乐则不同。当我打开法国广播（Radio France①）收听"法国音乐"（France Musique）时，我做出一种完全世俗的、技术性的和公开（不加掩饰）的姿态。如果我真的全神贯注，就会产生一种狂喜的体验。正是因为这种姿态如此世俗化，如此技术化，如此公开，也因为存在各种各样的音乐流派、音乐动画和音乐事件，所以音乐才成为最伟大、最神圣的奥秘。因此，它不需要隐藏自己，因为在其宏伟且相当复杂的简单性中，即在数学的简单性中，它是晦涩难懂的。它就像死亡与生命，死中有生，生中有死。我们不需要阅读叔本华的书就能了解它。要了解它，我们只需尝试去真正地聆听音乐。

---

① 法国的公共广播频道。——译者注

15. 抽烟斗的姿态

抽烟斗的人和不抽烟斗的人的最大区别在于他们对口袋的依赖性不同。抽烟斗的人至少需要一个口袋放烟草袋,一个口袋放烟斗,一个口袋放打火机,一个口袋放清洁斗钵的工具,一个口袋放清洁烟杆的金属丝。当然,最好能有额外的备用口袋,用来放第二个烟斗、火柴盒及不同强度和弹性的金属丝。这些口袋不能是任意形状的,也不能随意放置。例如,烟草袋应该放在裤子的深兜里,因为它需要保暖;烟斗必须放在胸前的外兜里,因为烟斗必须头朝下,烟嘴要在光线下;打火机必须放在外衣的右侧内兜里,以便左手(右手拿着烟斗)可以轻松拿到。因此,抽烟斗的人与不抽烟斗的人最根本的区别在于他们对某些服装特别的依赖程度。不过,当我们想到工作服,并认为可以通过服装认出抽烟斗的人,那就大错特错了,因为抽烟斗的动作并不是劳动。正如我们将要看到的,它是劳动的反面,是休闲。同时,抽烟斗的人的服装是无法被识别的,因为口袋的本质就是隐藏和被隐藏。如此一来,如下的问题就产生了:(1)抽烟斗如果增加了抽烟斗的人对环境的依赖,并在这个意义上减少了他的自由;(2)如果抽烟斗是一种复杂的姿态,其目的并非"完成"任何事情(像劳动那样);(3)如果无法让抽烟斗的人被

"区分"出来(除了在嘴里叼着烟斗吸烟的那一刻),为什么还有人要抽烟斗呢?这个问题具有一类问题的范例形式。例如,我们可以用"画画"或"拉小提琴"来代替"抽烟斗"。这一问题的"类别特征"表明,抽烟斗属于一类姿态,实际上是一类很有问题的姿态。这也是我为什么要选择抽烟斗这一姿态作为本文的研究主题。

我们可以从不同的角度探讨这个问题(抽烟斗的姿态)。例如,我们可以尝试从历史角度切入,如从美洲大陆的发现开始进行探究;或者我们可以尝试从社会学的视角出发,如使用"社会阶层"或"文化危机"等类似的概念进行探究;又或者我们可以借鉴神经生理学的概念,如用"生物碱对神经系统的影响"来进行解释;当然,心理学的概念,如"阴茎和阴道的象征意义"也同样适用。所有这些解释(有多少种自然科学和人文科学的类别,就有多少种解释)都在尝试给出抽烟斗的原因,但因果关系的解释并没有触及该姿态的本质。当我问人们为什么抽烟斗时,我并不是在谈论那些影响我抽烟斗的条件,而是指向吸烟的动机,如我确信自己也可以不抽烟斗。正是这种信念促使我追问自己为什么抽烟斗。原因与动机间的差异及受条件限制的运动与姿态间的差异使因果解释(尽管它们可能是正确的)偏离了问题的本意(所图之物)。要了解问题的本意,我们就必须从作出选择和决定的角度来回答这个问题,因为该问题的本意是,在众多选择中,我也可以选择嚼口香糖,但我为什么偏偏就决定要抽烟斗。因此,要回答这个问题,我们需要的不是科学研究,而是对姿态"本质"的共情。

首先,站在这样的(共情的)立场上,我们马上就会明白,所有以"合理方式"对抽烟斗的姿态进行的解释,都是误解这一姿态的结果。显然,制造出不会堵塞的烟斗,具有多种功能且更易于使用的烟斗清洁工具,或可以舒适而经济地存放烟斗、烟草和清洁器的袋子,这些都非难事。顺便说一句，所有这些小玩意儿我们都可以买到。但是，它们实际上会使抽烟斗的姿态化为乌有。这就证明，抽烟斗的动机不可能是真正的吸烟，即像吸香烟的人那样仅仅是为了将烟气吸入，而且抽烟斗的人与尼古丁的关系也与吸香烟的人不同。我们甚至可以认为，吸入烟气在某种程度上只是为了完成此前和此后的复杂姿态的借口而已。同时，可以推定的是，在这一复杂姿态中，至少与实际的抽烟相同的是，我们可以找到吸烟斗的动机。此处还有一个比较，即吸香烟与抽烟斗的区别难道不就像早餐时喝茶与日本茶道中喝茶的区别吗？就其贴切程度而言，这种比较让人不由地怀疑抽烟斗在很大程度上是一种仪式姿态。当然，抽烟斗并不像茶道那样"神圣"（更不用说罗马天主教弥撒或祈雨仪式）。然而，任何对抽烟斗这一姿态"合理化"的尝试都必将使其消解。这一事实就暗示了它是一种仪式的姿态。

其次，站在共情的立场上，如果尝试描述观察到的抽烟斗的仪式（我们现在知道，它是一种姿态，其动机无法用任何因果解释来说明，因为它是一种仪式，任何合理化的解释都会使其消解），我们会惊讶地发现，并不存在一个一般准则能规范抽烟斗的行为。换句话说，不仅每个抽烟斗的人都有自己独特的烟斗使用方式，而且他们在与其他吸烟者讨论时，都坚持并捍卫自己的风格。这一观点令人惊讶，因为它似乎与第一种观察相矛盾。仪式姿态的特点不就是程式化的吗？也就是说，它是被预先规定和刚性约束的，以确保所有践行仪式的人必须在任何时候、任何地点都做出相同的动作。同时，抽烟斗的人愿意讨论和确认自己的风格，这难道不意味着他们认为自己的姿态已经"合理化"了吗？然而，第一种观察得出的结论是，如果不让抽烟斗的姿态失效，就不可能实现"合理化"。难道第一种观察是错误的，抽烟斗归根结底不是一种仪式行为（rituelle Handlung）吗？

15. 抽烟斗的姿态

　　细细想来,我们会觉得此处出现的矛盾不仅没有妨碍我们理解抽烟斗(以及一般仪式),反而可能有助于思路的打开。究其原因,在这一矛盾中,我们面对的是理论与实践(Praxis)的无法分割的接合(Verquickung)。这种接合只产生于仪式,在其他任何行动中都不存在。抽烟斗之类的姿态的特点在于:一方面,从它们不会图谋任何成果(目的)的意义来看,它们具有完美的非实用性;另一方面,从它们没有任何理论基础的情况来看,它们又具有完美的实用性。因此,在这种姿态中并不存在理论与实践之间的辩证关系,就如我们对劳动姿态的分析中所揭示的。相反,一种无法分割的接合显现于我们所遇到的矛盾。在这个矛盾中,抽烟斗所具有的完全非实用性表现为关于抽烟斗之最佳风尚的意见(doxai)之争。在这场争论中,所有参与者都意识到他们面对的是个主观问题,因为当不图谋任何成果(目的)之时,就不存在客观上所谓的最佳吸烟方法了。抽烟斗的完全实用性在矛盾中表现为多种多样的吸烟风格。这些风格基于同一种在理论上不可解释的行为,是在审美上而非认识论上的不同表达——尽管它们是多样的,但终究也是刻板的。换言之,这种讨论完全是理论性的,但它对无理论的吸烟姿态没有任何影响。奇怪的是,谁也无意赋予它任何影响。然而,无论何时何地,只要抽烟斗的人聚会,就会出现这种讨论,如吸烟的理论的缺失。在考虑到抽烟斗所具有的完全非实用性属性之时,这对吸烟者自身来说是一种丑闻(Skandal)。

　　如前所述,抽烟斗是一种世俗的姿态。因此,关于不同吸烟风格的理论探讨完全无效,并且笼罩在一片祥和宽容的氛围中,因为吸烟是一件俗事。也就是说,它与生存的本质无关,所以每个吸烟者都容许他人以自己的方式获得快乐。当然,他始终坚信自己的方式是正确的,理由无非是这种方式能让他感到快乐。从对一个无法被理论化的姿态的完全无效的理论讨论转向其他仪式(如犹太教的饮食律法"Kashruth"①)，它们关注的是存在的根基，即神圣的事务，氛围便随之改变了。比如，我们就会面临《塔木德》解经中所述的许多悲痛而棘手的意见分歧。因此，正是基于其世俗性和普遍的无害性，抽烟斗可以作为理解信仰中有关仪式讨论的调解(仲裁)模型。追问烟草是否应该先紧后松地压入烟斗的问题，与追问是否应该吃星期六下的蛋的问题，如出一辙。它们既是完全理论性的问题，因为它们完全不以达成任何目标为意图；又是非理论性的问题，因为它们只导向实践。这种讨论不能也无意于将仪式"合理化"，而是更多关注词源学意义上的审美层面，即这种讨论关注的是体验。这种讨论中的推理既非理论性的，也非实践性的，而是属于仪式讨论中特有的一种推理。在犹太人的语境中，它被称为辩证②(pilpul)。与劳动中理论成为实践性的理论，实践成为理论中的实践不同，在仪式中，仪式的理论与实践是一种无法分离的接合。这种接合在抽烟斗姿态的第一种和第二种观察中早已得到呈现。

抽烟斗是一种刻板(stereotyp)的行为，因为它无法"合理化"，也不试图达到任何目的，而且每个抽烟斗的人都以他独有的方式吸烟。这就涉及一个问题："刻板"这个概念是什么意思？如果通过"刻板行为"一词，一种姿态被理解为它的每个阶段都或多或少地经过了"预先规划"，那么很显然，对于抽烟斗的人来说，并不存在刻板的行为形

---

① "Kashruth"是犹太教中的饮食法规，规定了哪些食物是允许食用的，哪些是不允许食用的。这些规定在《利未记》中有详细描述，并由犹太教的拉比传统进一步解释和细化。对于犹太教徒来说，遵守这种饮食规定是一种生活方式，也是一种保持宗教纯洁性和传统的方法。——译者注
② 犹太教中的一种传统学习方式，特别指对《塔木德》进行详细和深入的分析和探讨，包括对词语的词源研究、语法讨论、词义辨析和逻辑推理等。学习者通过提问、反驳和重新解释来探讨问题，以求对文本有更全面和深入的理解。这种方法不是让学习者简单地记忆或接受权威的观点，而是鼓励他们独立思考和进行批判性分析。——译者注

式。但若从这个意义上说，任何姿态都不是刻板的，因为做出姿态（Gestikulieren）这一概念的本质中包含人类的普遍信念，即人可以按照自由意志行事。这种信念使姿态的结构具有可塑性（Plastizität）。狭义上的刻板行为在动物身上比在人身上更容易被观察到（如蜜蜂的舞蹈、雄鱼向雌鱼求偶的方式或鸟类的筑巢行为）。如果这种行为发生在人身上，则往往具有病态、强迫的特征。抽烟斗并非如此。如果把蜜蜂的舞蹈或强迫性地整理枕头的行为称为仪式，那将是存在论上的错误。狭义的刻板行为是自然科学所能解释的存在层面上的现象，而仪式超出自然科学的能力范围，是存在于另一个层面上的现象。

如果我们把"刻板行为"理解为一种整体结构稳定的姿态，而且做出这种姿态是为了实现这一整体结构，并非追求超越结构的某种目的，那么抽烟斗就是刻板行为。就目前而言，"刻板"一词的意思是，有些姿态主要是为了自身的目的而被做出的，并且有模式可遵循。当我们做出这种姿态时，我们并不是像劳动那样为了改变世界，也不是像交流那样为了向他人传达信息，而是为了在模式设定的参数范围内完成动作。这就是我们在抽烟斗时所做的。我们在抽烟斗时，并不排除改变世界（如燃烧烟草）或向他人传递信息（如烟草的气味）的可能性。但是，我们并不能因此认为改变世界和交流（传播）可以"说明"诸如抽烟斗之类的刻板姿态。祈雨仪式并不能被解释为一种制造雨水的手段，它也不能被"说明"为一个特定社群的交流方式——只有认识到它是一种结合了特定模式的行为，我们才能更接近它。将祈雨仪式与其他降雨方法或其他交流方式进行比较是无益的，只有将其他刻板姿态（如抽烟斗）纳入比较，才能说明祈雨仪式的本质。这样一来，我们就会明白自己基本上是在处理一个风格问题、一个审美问题——仪式是一种审美现象的事实已经越来越明确了。

方才说的是一个冒险的断言，因为它几乎与迄今相关专业文献中所说的一切相矛盾。然而，对抽烟斗的观察要求我们必须冒这个风险。举例而言，我们如果试图从伦理角度审视抽烟斗的姿态，就会错失这种姿态的独特性，即仪式感。因此，仪式的关键不应是它的"伦理"层面（如祈雨或将圣餐转化为基督的身体）。仪式中宣讲的意图（如狩猎成功或净化）必须反过来被视为对本质的遮蔽，是内在于大部分仪式的一种合理化借口。当一个人说自己抽烟斗是为了吸入烟草的烟雾，他"相信"自己所说的（是事实）。同样，领圣餐的人相信自己是在吃（喝）基督的身体，洗手的人相信洗手是为了保持清洁。尽管这些说法很有道理，但都是错误的。事实上，抽烟斗、领圣餐和洗手都是为了在现有的行为模式下做出某种姿态。与其他刻板的姿态相比，抽烟斗更容易体现出这一点，因为它是一种世俗的姿态，所以相对不受意识形态的影响。

　　这就引出了下面的思考：一个姿态的意图越少，越不追求自身之外的目标，其作为仪式也就越"纯粹"。我们可以将超越仪式姿态的意图称为"魔法性"（magischen）的一面。祈雨仪式中的魔法性维度是造雨的意图，圣餐仪式中的魔法维度则是将圣餐转化为基督身体的意图。当问题以这种方式被提出时，魔法就不是仪式所固有的部分了，而是成为对"纯粹"仪式的扭曲。这样一来，犹太先知激烈地反对所有巫术的原因就很清楚了：他们想要的是一种"纯粹的"、没有目的的仪式，一种非实用性的实践。如此看来，在试图发展出一种"纯粹"姿态仪式的模型，即一种具有非实用性实践的生活方面，犹太教似乎部分地失败了。

　　然而，即便如此，我们仍没有找到抽烟斗和整个仪式生活的本质。只有当我们反思自己面对的是一种以审美为本质的现象之时，我们才会发现这一点。断言抽烟斗和一般仪式动作是审美现象是有风险的，因为这会将艺术问题置于一个陌生的视角。这并不是因为我们不熟悉在所谓的艺术创作中强调仪式的维度（角度）。从某种意义上说，任何浪漫主义的艺术观念和任何"为艺术而艺术"①（l'art pour l'art）的主张都将艺术行为视为一种仪式。我们感到陌生的地方在于，这种说法暗示仪式是一种艺术，而非艺术是一种仪式。这并不意味着有一种仪式性的存在样式，它以特定的姿态和活跃的艺术生活等方式表现出来，就像浪漫主义时代或"为艺术而艺术"那样。相反，它意味着一种审美性的存在样式，即艺术生活。这种生活以各种姿态表现出来，包括仪式姿态。艺术不是一种仪式，但仪式是一种艺术形式。比如，并不是说存在文学、音乐或仪式中呈现的犹太艺术，以及此外的犹太哲学和犹太伦理学。相反，整个犹太教被理解为一种仪式性的存在，即存在于其他仪式性生活样式之中的一种艺术形式。犹太哲学和伦理学则是这种艺术形式的若干方面，它们有可能遮蔽本质的东西，即犹太教的审美维度。这一论断既陌生又冒险，因为艺术通常被理解为一种存在范畴（Daseinskategorie），包括仪式、音乐、绘画和诗歌等现象。因此，这不是人们通常所说的艺术生活与政治生活、科学生活或宗教生活一样，都是生活的众多形式之一，甚至不是说艺术生活从属于宗教生活②（克尔凯郭尔）。相反，如果我们将宗教生活理解为仪式生活，那么宗教生活就被视作一种艺术生活的形式。这种非一般性的主张并不是指将艺术生活神圣化，而是将

---

① 19世纪初浪漫主义时期的一种艺术哲学思想，强调艺术应追求其内在价值和审美意义，而不需要为了实用性、政治、宗教或其他外在目的而存在。——译者注
② 克尔凯郭尔认为，审美、伦理和宗教是人们在不同阶段或情境下采取的不同生活态度。宗教生活是最高的生命状态，它要求个体承担责任，并实现内心的转变。在他的思想中，信仰和个体经验至关重要。他认为只有通过信仰，个体才能实现真正的自我和与神的关系，即只有通过宗教生活，个体才能达到真正的自我认识和存在的深度，才能解决事关存在的终极问题。因此，克尔凯郭尔将宗教生活视为一种更为深刻和根本的生活方式。——译者注

仪式世俗化，因为它是经过对世俗性的抽烟斗的观察而被获得的。

显然，上文讨论的一切假设，诸如"艺术"和"宗教"等词语，都是值得质疑的，因为关于宗教（作为仪式生活）是一种艺术的冒险断言与已然被熟知的关于艺术和宗教的主张间的差异，取决于如何对这两个概念进行界定。我们是只关注语言上的差异，还是同时关注意义上的差异，只有通过观察抽烟斗的姿态（这是这一冒险主张的出发点）才能判断，因为通过观察，艺术和宗教的含义就会逐渐清晰。

那么，让我们回到最初的问题：抽烟斗既不"成就"什么目标（如劳动），也不以任何方式（如传播）"凸显"（auszeichnet）什么，那为什么还有人抽烟斗？为了更接近答案，我们应该把注意力转向问题的提出方式。这一表达暗含对三种姿态的区分，即劳动的姿态、交流（传播）的姿态和被定义为"仪式姿态"的类似于"抽烟斗"的姿态。假设"存在"以做出姿态的方式在世界中呈现自己的情况，那么问题的框架就暗示我们可以按姿态区分出三种生活样式：劳动型存在、交流型存在和仪式型存在。这种分类既不符合我刚才提到的克尔凯郭尔的分类（审美、伦理和宗教生活），也不符合柏拉图的分类（经济、政治和理论生活），后者曾被汉娜·阿伦特完善。然而，我们没必要将这些分歧看得太重要，因为我们关注的不是一种现象学的分类。实际上，我们每个人都在不断地做出这三种类型的姿态，而且每种类型的姿态都包含其他类型的某些方面。换句话说，我们同时在面对世界（劳动）、面对他人（交流）和面对自己（仪式）的过程中进行自我风格化，并处于当下。因此，对这一问题的分类方式并不是一个需要辩护的论点，而是一个可行的假设。

"为什么有些人抽烟斗"这个问题是"人为什么要做出仪式姿态"这一问题的特例，它进一步包含"为什么是这些姿态而非其他姿态被仪式化"的问题。这两个问题的答案似乎显而易见，即为了"纯粹的快乐"。

15. 抽烟斗的姿态

许多人之所以抽烟斗,是因为他们在这一特殊的姿态中感到愉悦。他们乐于让抽烟斗的姿态打断其他姿态,如在书写文章或与朋友聊天时,把烟斗拆开,用旧指甲剪清理斗钵,用发卡疏通烟杆,把两部分重新装在一起,再从口袋里掏出烟草袋,在指间把烟草揉碎,小心翼翼地塞进烟斗,之后将烟斗咬在齿间,用特制的打火机缓慢地打圈以点燃烟草,将烟草的烟雾吸入口腔,然后继续书写或谈话。他们因可以在重新开始的姿态和抽烟斗的姿态之间分配注意力而感到愉悦,他们因可以把对书写或谈话姿态的注意力沉浸在抽烟斗的特定情绪中感到愉悦,他们也因抽烟斗这一从属性的姿态能反复中断书写和交谈而感到愉悦。抽完烟斗后,他们必须清空烟斗,吹吹烟杆,然后摇动烟斗使其冷却,这样烟斗就可以被放回胸前的口袋里,就连这个过程也让他们乐在其中。他们还有一种充满期待的快乐,那就是可以在专卖店挑选各种形式的烟斗和各种品质的烟草。他们可以选择特定形状的烟斗(如短的、弯曲的)和特定种类的烟草(如苦的、细切烟)。让他们高兴的还有他们可以收集烟斗,其中的一些供日常使用,另一些则用于特定场合。这些"微不足道"的快乐可以罗列很多。这也说明了为什么尽管抽烟斗的快乐微不足道,但它却是许多人不愿放弃的乐事之一。

然而,这个有些啰嗦的回答(啰嗦是因为它试图描述我自己抽烟斗的风格)还远远不够,因为它不但没有真正回答问题,反而引出了一系列新问题。举例来说,清洁斗钵有什么令人愉悦的地方呢?因为事实上这是一个明显无趣的过程。或者说,当事实上继续工作和交流才更有趣时,为什么中断书写和谈话令人愉悦呢?从根本上说,当我们面对的似乎是一种繁重的姿态、一种恶习时,"愉悦"一词在这里又是什么意思呢?恶习的本质难道不就是激情,不就是痛苦吗?当烟斗被堵塞或烟草用光的时候,难道没有痛苦吗?更不用说抽烟斗有害健康了。按照一种相当功利的道德标准(通常是官方标准)来看,人们难道不会因任何恶习而感到痛苦吗?试图回答这里出现的一系列问题而不被因果解释绊住是徒劳的。这些因果解释被排除在讨论之外,因为它们无法处理抽烟斗的姿态。因此,如果我们想得到更令人满意的答案,就必须以完全不同的方式来处理这个问题。

抽烟斗的快乐并没有这个或那个具体的原因,也不是来自抵制这样或那样的反对意见。相反,快乐就来自姿态,来自"享受生活"(sich ausleben)。这句日常频繁使用却难以理解的话,正确地触摸了烟斗的本质。在这里,"享受生活"不仅意味着无目的地消耗多余的生命能量,尽管它也有这个意思,并且可以在对抽烟斗的观察中看到,但"享受生活"还意味着投射出一种属于自己的、极为特别的、与他人无法相比较的存在。我们从抽烟斗的姿态中可以看出"享受生活"这一短语的这层含义。值得注意的是,"享受生活"中的动词与"恣意地去行"(sich gehen lassen)中的动词并非同义词,而是反义词。在"恣意地去行"的过程中,自我会迷失于无序的动作中。这些动作将不再构成姿态,因为它们不是"自由"做出的。而在"享受生活"中,我们仿佛从外部对自己进行识别,并由此获得了自我。因而此时,我们是为了自己而做出了一种特别的姿态。这种"享受生活"和"恣意地去行"的对立,在抽烟斗的姿态中得以可视化。在抽烟斗时,我们在"被自由选择的"特定对象物的功能中,即在限定的变量中,以证明自己实存的方式而行动。这才是乐趣所在:在明确选择的范围内,自由而无目的地见证自己;通过自己的风格认识自己,然后将所有其他姿态(如书写和与朋友交谈的姿态)都融入这种风格。从这个角度出发,我们或许就能理解那句耳熟能详的"风格即人"。换句话说,抽烟斗是一种允许我们行动的姿态,即通过自己的风格在世界上找到自我。这就是"这是一件乐事"的含义。

15. 抽烟斗的姿态

这种快乐只能被定义为"审美",所以我们现在可以说,当我们讨论作为艺术生活现象的仪式姿态时,"艺术"一词的含义是什么了。"艺术"一词意味着通过姿态"享受生活",在适当的范围内自由而无目的地见证自己。因此,所谓的"艺术生活"是一种重要的生活样式,它取决于姿态所行的风格。"艺术生活"无意改变世界,也不是为了与他人共处于世界,而是为了在世界中发现自己。抽烟斗的姿态就是这种生活的很好的例证,因为在大多数其他"艺术生活"的例子中(如舞蹈或祈祷的姿态),改变世界或寻找他人的问题都是权衡利弊的重要因素。但是,在抽烟斗的过程中,它们几乎不起作用。正如我们将看到的那样,抽烟斗姿态的美学纯粹性归功于它的世俗性。

说到艺术生活,人们想到的可能不是抽烟斗的姿态,而是与音乐、摄影或写诗等相关的姿态。这究竟是为什么呢?如果艺术生活是人们享受生活的形式,那么在讨论艺术生活时,人们想到的不应该是抽烟斗这样的姿态吗?我们对艺术生活本质的误读可以追溯到西方历史上"艺术"概念的发展过程。在西方,"艺术"与其他所有劳动一样,已经成为旨在生产某种产品的劳动。艺术甚至成为最高级别的劳动,因为它具有"创造性",即可以产生"新"的作品。与此同时,"艺术"在西方也已成为一种交流手段,像所有的交流一样,它实现了人际分享。"艺术"甚至成为传播(交流)的最高形态,因为人们期待它具有"原创性",即分享新的信息。这些发展导致艺术的本质,即"审美"行为,受到了压制。因此,人们在谈论艺术时通常不会想到抽烟斗这样的姿态。换句话说,西方的历史发展导致艺术生活的本质被遗忘了。然而,通过观察黑人的艺术,我们可以唤起对艺术的记忆。

可以说,在非洲和北美大陆,与我们的绘画相比,被视为艺术生活表现的姿态(如击鼓、舞蹈和面具雕刻)更容易使人想起我们的烟斗。

面具雕刻的过程可以被描述如下：为了完成雕刻的姿态，雕刻者需要特定的材料、特定的工具和特定的模型。从这个意义上说，他的姿态是"刻板的"。他不会像西方雕刻家那样尝试使用新材料、新工具或"超越"他的模型。相反，他尝试在给定的材料、工具和图案的框架内表达自己的特殊个性。因此，黑人艺术并不像我们有时倾向于认为的那样，是一种静态的、僵硬的形式重复，它其实是一种语境。其中，个人风格的表达甚至比在西方艺术中表达得更为频繁。这或许是因为姿态的模型被接受为一种边界参数。正因为这种艺术不是我们意义上的"历史"艺术，所以它更鼓励个人风格的实现，而不是改变世界或与他人交流。从这个意义上说，它是一种比西方艺术"更纯粹"的艺术。

人们常说非洲艺术是宗教生活的一个方面。非洲人击鼓以让神灵附体，跳舞以驱赶灵魂，雕刻面具以使这些舞蹈更为有效。这里涉及一个误解。事实上，击鼓、跳舞和雕刻面具的确可以用来施展魔力，也就是出于"宗教目的"。但是，这些姿态并非只服务于这些目的。说非洲艺术为魔法服务并非事实。事实恰恰相反，魔法只是非洲艺术提供的诸多可能性之一。非洲艺术本身就是目的，人们击鼓是因为在这种姿态中找到了自我。神灵进入人体实际上是击鼓的结果，没有击鼓，这一结果便不可能发生。但是，如果击鼓仅是为了达到这个目的，那么它就不是"纯粹的"。虽然非洲艺术为魔法打开了空间，但魔法是艺术生活的结果，而不是原因。这让我们更接近"宗教"的意义了。

击鼓以唤醒神灵是在践行艺术生命的一种姿态，因为它在鼓、鼓槌和节奏的既定范围内，表达了一种个人风格。显然，在里约热内卢夜晚起伏的山峦间，鼓手们仅凭击鼓的方式就能认出彼此。也就是说，在鼓声从自我流向世界的过程中，一个人在自己的鼓声中找到了自我。然而，正是这种在世界中的自我认知（Sich-selbst-Erkennen）挑战了神灵的降临。归根结底,神不是出现在鼓点节奏中,而是出现在通过审美姿态获得的自我认知中。神是一种"审美"(ästhetisches)现象,即神是人在享受生活时的一种体验。在击鼓之时,人们在"狂喜"①(Ekstase)中(从外部)有所体验——作为节奏、声音、振动的神经,作为支配环境的秩序、原则,甚至作为神。这些都是艺术生活中的各种体验。当然,人们可以专注于其中的一种,专注于节奏、声音或神。每一种专注形式都会导致击鼓姿态的变化:如果我对节奏感兴趣,那么我击鼓的方式就会与我专注于神时不同。这些变化是重叠的,因为神是节奏的一个方面,节奏也是神的一个方面。但是,如果我们把对上帝的兴趣称为"宗教"兴趣,我们就不得不将宗教生活视为艺术生活的一种变体。这就是所谓的宗教在被称为艺术之时,它所具有的含义。它的意思是,艺术生活第一次为宗教体验开辟了空间。我在劳动的姿态中没有宗教体验,因为在这种姿态中,我体验世界,即体验"知识"。在交流(传播)的姿态中,我没有宗教体验,因为在这种姿态中,我体验的是社会,即体验"价值"。只有在审美体验中,我才会有宗教体验,因为在这种姿态中,我体验的是我自己,即体验的是"启示"。科学是劳动可能导致的结果,伦理和政治是交流(传播)可能导致的结果,宗教则是艺术可能导致的结果。这一论断可以在理论上得到支持,可以从许多传记中得出,也可以在历史和前历史的记载中被证明。但最为关键的是,它可以从姿态本身中被看出来。通过观察抽烟斗的姿态,我们可以看到艺术生活中有一个空间是向宗教体验敞开的。我们之所以能看到这一点,是因为我们面对的是一种世俗姿态。

---

① "狂喜"是一个用于宗教研究和心理学的术语,是特别强烈的心理异常状态(超越体验)的统称。——译者注

抽烟斗、雕刻面具和击鼓的姿态都是刻板的，所以它们的共同点在于风格——它们都是"审美"姿态。雕刻面具的姿态与其他两种姿态的不同之处在于，它"实现"了某种东西——面具。这一姿态延伸到劳动领域，就是使雕刻面具的姿态成为"艺术品"（工艺品）类型的审美姿态。击鼓的姿态与其他两种姿态的不同之处在于，它与他人分享，即"传递"了一些信息。这一姿态延伸到传播领域，成了"信息"类型的审美姿态。抽烟斗的姿态与其他两种姿态的不同之处在于，它本身并无任何意图。吸烟姿态的纯粹性使其成为仪式类型的审美姿态。雕刻面具指向的是某种材料，击鼓指向的是他人，抽烟斗则什么都不指向。但是，这并不能掩盖这三种姿态的审美特征，因为它们都依赖于风格，即"享受生活"。然而，面具雕刻和鼓乐将自身延伸到使世界和社会发生改变的非审美领域，从而超越了本身，呈现出对纯粹艺术生活的某种扭曲——一种魔法化（magisierend）的扭曲。面具雕刻和击鼓是一种魔法化的审美姿态，即它们在一定程度上是为了改变世界和传递信息。我们可以这样定义"魔法"：它是艺术姿态向非艺术领域的延伸。真正的劳动并非魔法性的，因为在巫术中起决定作用的审美时刻在劳动中不是决定性的。真正的交流并非魔法性的，因为它不像巫术那样主要关涉风格问题。纯粹的仪式也不是魔法性的，因为仪式的姿态没有超出艺术生活的范畴。因此，艺术生活中的有些姿态并不具有魔力，它们是纯粹的仪式姿态。非洲人的生活中有许多有魔力的姿态，因为他们的生活主要是艺术生活。在我们的生活中，魔法性的姿态相对较少，因为我们压制了艺术生活，转而追求工作和交流生活。我们将艺术生活归于工作和交流，从而"打败"了魔法，也模糊了艺术的概念。

　　但是，我们也可以通过其他方式"超越"魔法，即通过纯粹的仪式生活，也就是不超越自身的艺术生活。抽烟斗的姿态就证明了这一点。

15. 抽烟斗的姿态

抽烟斗的姿态并非魔法性的,但这并非它世俗化的原因。它之所以是世俗的,是因为它虽是一种审美姿态,却没有为宗教生活打开任何空间。事实上,它是一种纯粹的仪式,却不是一种允许人们在其中体验"神"的仪式。击鼓的姿态允许人们这样做,人们可能会认为是击鼓的魔法打开了宗教空间。但是,神在击鼓的过程中出现并不是因为神(因为魔法)被唤醒了,而是因为击鼓是鼓手发现自己是神的一种姿态。打开宗教空间的不是击鼓的魔法性维度,而是纯粹的仪式维度。但是,为什么抽烟斗的纯粹仪式没有打开这个空间呢?答案是:尽管抽烟斗是一种吸烟者在"享受生活"的仪式,但他们并未将自己完全交托。因此,抽烟斗的人确实能在姿态中认识自己,但只有在姿态中,在他表达自己的范围内才会如此。这还不足以产生宗教体验。宗教体验是一种深度体验,只有当仪式动作调动了一个人存在的整体时才可以被体验到,而抽烟斗这类姿态只调动了存在的一个层面而已。击鼓之所以是神圣的,并不是因为它是魔法性的,而是因为在击鼓时,一个人的存在得到了完整的表达。抽烟斗之所以是世俗的,并非因为它不是魔法性的,而是因为它在表达存在整体之时太过表象。

当一个人在抽烟斗时,他是在审美地生活,但这一行为是在非审美的劳动和交流生活(文章的书写与笑谈)中进行的。这就是烟斗具有世俗性的原因:它是在"有意义"的生活中进行的纯粹仪式。诚然,抽烟斗本身毫无意义,也无法被合理化,而且任何理性化的尝试实际上都会毁了它。但是,抽烟斗的荒诞性并不能形成抽烟斗的人的生活基础。这就是为什么抽烟斗是一种世俗的姿态。我们说击鼓是神圣的并非因为它"有意义",可以唤起神灵,而是因为它从根本上就是荒诞的。从本质上看,在这一姿态中的击鼓者也是荒诞的。魔法在表面上看是一种工作、是一种交流,但从根本上说,它是一种荒谬的工作方式和交流方式。

击鼓的魔法性掩盖了它的荒谬性，但正是这种荒谬性让击鼓具有了神圣性。抽烟斗虽然荒诞，但并不神圣，因为它的荒诞性并没有表现出吸烟者作为整体的存在，而只是表现出了其存在的一个层面。

　　如果你足够努力去尝试理解，你就能从抽烟斗的姿态中看出，这种仪式的荒诞性几乎要求你敞开心扉去体验宗教。如果你观察一下烟斗、烟草和烟具的操作方式，观察这一个个动作是如何被坚定地做出的，以及此时吸烟者是如何察觉这些行动的荒诞性的，我们就能体验到所谓的宗教体验就是在其意义的边缘徘徊。在喝茶的茶道仪式中，或者在翁班达仪式①（Umbandazeremonie）中，就像在抽烟斗时，仅挪动一小步也足以越过边缘，从而跃入深渊。茶道仪式的姿态结构与抽烟斗的姿态结构几乎完全相同，书写时抽烟斗的姿态与翁班达仪式中抽烟斗的姿态则完全无法被区分。换句话说，在抽烟斗的过程中，人们会感觉到，一丁点的冲动就足以将它从一个世俗的姿态变成一个神圣的姿态。因此，我们可以看到，正是由于这一姿态是世俗性的，我们才能知道所有的仪式性姿态是如何开辟宗教体验空间的。我们之所以能看出这一仪式的神圣性，是因为添加烟叶、清洁烟筒及点燃烟叶是与宗教体验全然无关的。在神圣的仪式中，在人们祈祷之时，如双手合十、画十字或朝向麦加，你无法轻易地辨认出仪式的神圣性，因为合理化的意识形态形成面纱，遮蔽了你的视线。各种宗教意识形态将其仪式理想化，否认这些仪式的荒谬性，从而掩盖了仪式的本质。抽烟斗公开展示了其荒诞性，因为它还仍然勉强是世俗化的。因此，它允许我们认识到荒诞是圣礼的本质。通过抽烟斗这一姿态，我们可以认识到仪式生活的

---

① 翁班达是一种起源于巴西的灵性宗教，结合了非洲、印第安和葡萄牙的宗教传统。在翁班达仪式中，信徒通过舞蹈、音乐、祈祷和灵媒等方式与神灵沟通，以获得治疗、启示和祝福。——译者注

本质：通过纯粹的审美，即荒诞的姿态，向着宗教体验打开自己。

有且只有在某种姿态中，人们才能认识到自己，做出过这类姿态的人会非常清楚这种感受。比如，只有在演奏钢琴、绘画和跳舞时，演奏者、画家和舞者才能认识到自己是谁。对于这些人而言，他们更容易体会到仪式生活的本质。禅宗的一个基本原则是，在认识到"整体之中的"自己本身之时，这种自我认知就能被视作一种宗教体验。因此，在禅宗中，纯粹的审美姿态（喝茶、插花、对弈）都是神圣的仪式。当然，犹太教先知最伟大的发现是，宗教体验是一种荒诞的、无法获知深度的深渊体验，因为"神"是无法被解释、无法被合理化，以"唯独是为善"的形态而存在的。因此，它反对魔法，坚持仪式是荒诞的，既无目的也无意义。然而，艺术家、禅僧和先知们的所有这些高尚的见解，我们都可以通过以足够的耐心观察诸如抽烟斗这样的日常姿态，以保守和世俗的方式获得。这是因为我们每个人都是事实上的艺术家、禅僧和先知，因为我们每个人都在做类似于抽烟斗这种纯粹审美的、荒诞的姿态。当然，我们中的大多数人与真正的艺术家、禅僧和先知的不同之处也显而易见，即完全放弃理性（在可解释性和目的性的意义上），并通过姿态而毫不犹豫地献身于它。这正是真正的艺术家、真正的僧侣、真正的先知的本质。

本文开头的问题是，既然烟斗限制了人们的自由，没有任何目的，也不进行任何分享，那为什么还有人要抽烟斗呢？人们给出的第一个答案是，这种行为带来了纯粹的快乐。现在，答案可以更准确一些了：有些人抽烟斗的原因与有些人成为艺术家，有些人成为僧侣，还有些人成为先知的原因相同，即为了享受生活（成就自己），从而寻找自我。只是，抽烟斗的姿态的要求远远低于艺术姿态，甚至低于禅僧或正统犹太人的艺术姿态，所以它也没有那么"开放"。因此，有些人把抽烟斗当作仪式生活的一种替代品和讽刺画，这也就是对仪式生活的世俗化。

16. 打电话的姿态

电话的外观在其历史进程中经常发生变化,这可以作为设计发展方式的一个例证。然而,抛开挂在墙上、带有铁曲柄的电话机与经理桌上那一排彩色塑料电话机(更不用说红色电话机①了)之间存在的差异不谈,在电话漫长的历史中,它只经历了一次功能上的改变,即自动化。与具有话语权的大众传媒相比,电话仍保留着古老的现代早期技术特征。这对理解我们当前的传播状况非常重要。有一种定义(不一定是最糟糕的定义)的描述指出了自由与对话具有相同的参数。根据这一定义,一个国家的自由可以用电话网络的覆盖面和效率来衡量,而且所有国家的电话都具有相对古老的技术特征。这一事实使我们可以得出这样的结论:没有一个国家高度关注其公民的自由。

要描述电话的功能,需要两种完全不同的方法:一种是从打电话者的立场出发,另一种是从接电话者的立场出发。根据这两种不同立场,电话装置呈现出完全不同的面貌。这很好地诠释了现象学的命题,即任何对象的存在都必须与某种意向性相关联。从呼叫者的角度来看,

---

① 指各国总统间或最高经营者使用的保密性极强的直通电话。——译者注

16. 打电话的姿态

电话是一个哑巴和被动的工具，耐心地等待着被使用；对于接听者来说，电话则像一个歇斯底里、号啕大哭的孩子，必须当场得到满足才会安静下来。它让人们在最隐秘的幻想中，梦想着拥有一部可以拨打但不能接听的电话。这样的梦想说明了什么是全能（具有神圣意义或性的意义）。顺便提一下，所有社会（不仅是独裁国家）中非常有权势的人实际上都拥有这样的电话。这就展示了所有追求全能人类社会的乌托邦都是幼稚的：一个完全由只能拨打而不能接听电话的装置组成的电话网络是无法运行的；或者说，没有责任（Verantwortung①）就没有自由。

从呼叫者的角度来看，电话就像一个工具，它延伸出许多电线，在电线的另一端有无数人在等待被呼叫。这种工具允许用户给所有人打电话，但绝不允许同时给两个人打电话。

这种结构允许任何掌握它的呼叫者要求接听者进行个别的应答，不管他的呼叫是命令、是绝望的呐喊还是某种提问。因此，从接听者的角度来看，该工具的目的是使由它引发的对话性交流（传播）获得成功。

电话背后的电线，无论是物质的还是非物质的，都开启了一个选择参数。为了能够从可以打电话的人中进行选择，打电话的人必须获得一个索引目录，上面给出了一系列人的号码（Numerierung）。索引目录存储在两个地方：大脑和电话簿。这说明电话是多么原始：把号码存储在电话本身会更为有效（顺便说一句，Minitel② 公司最近也在尝试这样做）。（电话）号码是一串没有冗余（Redundanz③）的符号，即组成号码

---

① 此处虽将该词翻译为"责任"，但它也具有"回答"（antwort）的意义。——译者注
② Minitel 是一种可通过电话线访问的可视图文在线服务，是万维网之前世界上最成功的在线服务。——译者注
③ 在信息论中，"Redundanz"指不必要的信息增加，此处翻译为冗余。——译者注

的每个数字都是有意义的，它们的顺序也是有意义的——拨错一个数字都会打错电话。电话号码是非冗余线性符号之一，另一种同类型的符号是银行支票的号码。计算符号不属于这种类型，因为它们的层级结构会带来冗余。例如，如果以法郎为单位进行计算，就必须密切关注数字行左边的千位，右边一列的分位则可以忽略不计。在通信革命中，有一种趋势是要消除所有冗余，即让符号的方方面面都具有信息性；另一种趋势则恰恰相反。如果第一种趋势继续占据上风，如果未来的社会是由价值相等、不可互换的数字组成的（这就是人工智能必须具有的博爱和平等），那么电话编码尽管有种种错误和令人失望之处，却是未来社会的先驱，比人们经常提到的监狱和兵营更为重要。人工智能的社会像电话一样编号，而非像监狱一样编号，但这未必是一个令人欣慰的想法。在大城市里，电话号码中曾经夹有字母，因为字母表与计算过程不相容，它们已经从编码中被删除。只有一些电话机作为忧郁的证人，留存着它们曾存在的证据。这表明，不仅是文学，还有代数、符号逻辑，简而言之，所有字母符号标记系统，由于无法传递（中介）我们需要的信息，而必须让位于计算符号。

　　呼叫者在拨号之前必须取下电话机的一个部件，并将其放在耳边。一般来说，人们会听到一种符号化的声音，这意味着可以拨号，但这些符号化的声音（声音信号）并没有形成普遍性共识，因而存在着地域差异。此外，还经常出现一些没有明确含义的声音信号。在这种情况下，重新开始是明智的做法。此处，人们随之产生的失望不仅是对全能的失望，也是在谜题前却不知道答案的失望。我们不知道电话里发生了什么，所以它就成了一个蕴含黑魔法的黑箱。不过，这种现象还有另一个更令人苦恼的维度，即声音信号往往比视觉信号具有更为强烈的人类属性，它们是"人类的声音"。我们在电话音响装置中听到的声音是嘲笑式的，而且最糟糕的是，这并非存在论上的错觉，因为事实上，这种嘲笑是他人的具体化之物（Verdinglichung），而电话的噪声实际上是将这种失望的全能的存在转变成被低劣地设置的电话网的一部分。

只有听到正确的拨号音时，人们才能选择号码，而且要根据装置不同的自动化程度进行选择。如果装置完全是自动拨号，所选号码将由数字组成一条线，其长度反映了呼叫者和接听者之间的距离（这表明有可能绘制以线性编码并通过计算生成的地图）。在拨号过程中，一连串的数字会被环绕在呼叫者耳边的口哨声、窃窃私语和结结巴巴的声音打断。我们面对的是一种声音符号，它调节着数字选择（拨号）的节奏，非常理想的是，我们不是必须理解这些符号才能跟上它的指示。这为在未来人工智能社会中研究符号的功能开辟了一个广阔的研究领域。当一切顺利时（这种可能性与所选数字的长度成反比），人们最终会听到机械反复的连续音，我们将这脉动的声音阐释为线路另一端的电话机中发出的声音。

在选择数字（拨号）的过程中，自动化越不完善，人的声音（通常是女声）就会越频繁地闯入噪声的符号中。此时，人声与来电者之间就会展开一场对话，这在人类历史或其他媒介中都是绝无仅有的。来电者读出号码、乞求、愤怒、自我贬低、撒谎，而电话里的声音则机械而耐心地重复着号码——经常是错误的号码，然后毫无征兆地陷入沉默。因此，这种机械化的声音比电话的信号音更具有非人性的特征。这种声音的机械化的"周到"反而更具有讽刺的意味。除了电话机，我们能找到的这种类型的唯一例子是卡夫卡笔下的人与上帝之间的对话。但是，即便如此，在这种喋喋不休的恳求结束时，如果一切顺利，人们至少应在电话中听到另一端的声音：这表明电话网络比卡夫卡笔下的上帝运作得更好。

此时此刻,我们必须换一个角度,站在接听者的立场上,因为机械地、白痴式的重复的声音开始贯通接收者的生活世界。这是他无法逃脱的声音,即使它是温和的、悦耳的,而不像通常电话铃声那样尖锐刺耳。当然,这种干扰的效果取决于被贯通的生活世界的结构,取决于我们面对的是银行还是病房。但是,这种白痴式呼叫的命令无论何时都是无条件的,因而它又一次能与卡夫卡笔下的神的呼唤作比较。为了理解电话的效果,我们难道不能把被电话铃声贯穿的状况视为等待和希望,即视为信仰的四种类型吗?

在第一种状况下,人们焦急、恐惧或满怀希望地等待着一个特定的电话。此时,悄无声息的电话形成了生活世界的中心。电话铃声会唤起一种紧张感,如果来电者不是接电话的人期待的那个人,或者电话搭错了线,在极端情况下还可能导致真正的生存危机。在第二种状况下,铃声打断了人们对某物或某人的关注。在这种情况下,我们面对的是公共要素对私人空间的侵入。在第三种状况下,电话铃声具有攻击性,会击中正在睡觉或听音乐的放松的人,那感觉就像一把刀刺入胃部或心脏。在第四种状况下(在办公室或车站),铃声是它所贯通的生活世界的有机组成部分,这也是唯一对呼叫开放的状况。显然,这四种状况与神学范畴相对应。这并不奇怪,因为打电话本身也是这样一个范畴。

因此,在电话铃声之后,电话中的对话沉浸在一种富于变化的实存性氛围中,这取决于呼叫者的失望程度和接听者的惊讶程度。但是,总会存在一种对对话紧张关系的相互承认。例如,呼叫者可能是主动者,接听者可能是被动者,但这种"攻击或被攻击"的关系伴随着双方的相互承认。也就是说,攻击者根据被攻击者选择攻击的时间(如通话时间,特别是在存在地理时差的情况下),设身处地地为对方着想。事实上,这种相互承认先于实际对话。这是电话结构所要求的,没有它,对话就无从谈起。

对话以"你好""你是哪位"等礼节性的用语开始,即以电话专用语开始,但很快就转入非电话语言。这不仅提出了所谓语言维度的问题,还提出了言说的机械化这样的新问题。说这些话的声音不仅是人的声音,而且还可以被接听者识别出是谁的声音。因此,接听者尽管能接听并称呼对方为"你",但这并非根据对方(呼叫者),而是根据电话本身的属性来应答的。电话通话越是形成主体间性的关系,我们越是必须将电话与对方(通话者)等同视之(就像人们将自己的胸廓与自己本身等同视之一样)。然而,尽管作出了这样的努力,对话目前仍然是不充分的。传播理论分析给人的印象是,这是电话狭窄的线性声音符号造成的。因此,人们可能会认为,如果能将电话网络向二维视觉符号这种更为丰富的符号开放,如对话式电视(这是电视的初衷,正如"tele-vision"这一概念所表明的那样),或者以对话的方式录像,那么实际的满足感缺失的问题就会得到解决。不过,事实远非如此。电话符号的单一固然导致这一媒介的局限性,但缺乏满足感还有更深层次的原因。

每种媒介在传播方面都有其自身的辩证关系:它既联系着通过媒介进行传播的人,也分离着通过媒介进行传播的人。顺便说一句,这种辩证关系正是"媒介"(Medium)这一概念的确切含义。然而,有些媒介在交流过程中被遗忘了(所谓的面对面媒介)。例如,在围着桌子进行的对话中,桌子的存在被遗忘了。除此之外,空气的存在也被遗忘了,而交谈正是通过空气传播的。人们总是错误地认为传播是无中介的,即使身体没有移动。这种印象始终是错误的,因为不存在无中介的交流(除了在神秘的结合中,它回避一切分析)。然而,尽管这种印象是错误的,它却使交流令人满意。电话是一种媒介,在可预见的未来,人们不会忘记它的存在。当然,这不是电话的技术属性问题。电视的技术含量要比电话高得多,但它的存在却被人们遗忘了。遗憾的是,这使电视的话语颇为令人满意。电话网络中的对话要想令人满意,就必须让人们看不到这种媒介的存在。这不仅是技术上的挑战,也是政治上的挑战。

然而,电话符号的单一性依然是一个关键因素。这不仅在于它仅限于线性符号,还因为它减少了声音色彩,而声音色彩赋予了语言符号大部分的内涵力量。从语义分析来看,电话作为一种媒介仅限于对生活体验的传达。例如,我们在这里并不关心一种适合所谓"艺术"的媒介。然而,从可用于对话的媒介太少这一角度来看,电话常常被迫传递不适合它传递的信息。独自度过自己时间的人(如青年等)常会犯这样的错误,这也是电话网络负担过重的原因之一(也许是最可悲的原因)。

电话网络的技术结构允许一种其他对话媒介所不允许的姿态。也就是说,它可以通过放下听筒中断通话。由于这种姿态的新颖性和未被充分利用的特性,它的残酷性显得更加有效。当然,还有其他一些典型的电话符号,其含义无法被翻译,也无法被完全理解。例如,可以替代不在家的主人接听电话的电话录音留言,它为非传统类型的对话开辟了一系列参数。从电话中,我们开始学习一种新的远距现存(Telepräsenz)体验,以替代原来的面对面体验。作为一种教授远距现存的手段,电话及"电话"这一词汇的前缀"tele-"都具有教育意义。

我们此处对电话的描述并非详尽无遗。反之,我们应将其理解为不仅是分析电话,还是分析一般对话媒介的出发点。我们应牢记以下几点:描述中包含标志着二元对话的所有要素(呼叫、回应、在与他人的关系中确认对方及在与他者的关系中确认自己),也包含循环对话的所有要素(新信息的公之于众、交换、探索)。换言之,通过对电话的描述,我们可以思考未来的对话媒介,它将支撑乌托邦式的政治生活。

不过，这段描述也证实，在现有的广播网络中建立电话网络在技术上是可行的。这让我们可以想象，在未来，我们将只能通过这种集中式（中央控制式）结构进行对话。例如，电视领域已经在朝这个方向迈进。因此，有两种可能的结果。第一种，电话网络将成为一个不断分支的网络模型，如双向的录像视频网络和电脑终端。在这种情况下，我们正走向一个确认他人及在他人中确认自己的远程信息处理社会。第二种选择则是一个中央控制的、程序化的大众社会。尽管目前的征候指向第二种选择，但我们想象一下便会对此深感厌恶。在电话这种看似无害的装置中，两种可能性都显而易见，究竟哪一种可能性会成为现实，在一定程度上取决于我们自己。

17. 录像的姿态

本文尝试证明这样一种假设,即通过对姿态的观察,我们可以"解读"人类在这个世界上的存在方式。这一假设的一个含义是,我们可以通过观察姿态的变化来"解读"我们目前正在经历的实存形式的变化。另一个含义是,每当出现前所未见的姿态时,我们就拥有了解码新存在形式的钥匙。操控录像机的姿态在某种程度上代表了对传统姿态的改变。根据刚才提出的假设,破解我们当前存在主义危机的一种方法就是观察这种姿态。

录像机是一种相对较新的工具。工具是为特定目的而生产的物品,它"对某事有益"。目的位于工具之内,并且工具基于目的而具有了形式。然而,工具也向来不只是一个对象,或者说一个问题。"Problem"(问题)是希腊语,对应拉丁语"obiectum"(对象、物体)。因此,我们有可能忽略工具通过形式显露出的目的,而追问"它是什么""用它能做什么"。对于传统的、熟悉的工具,这种"问题"意识被熟悉感掩盖。比如,我们不会问床是什么,它有什么用途。我们知道它是睡觉的地方,是存放行李箱的地方,也是藏钱的地方。但是,如果工具是新的,它的问题维度就会显现出来。这就是新工具令人着迷的原因。

17. 录像的姿态

新工具具有双重吸引力。它们之所以引人入胜，是因为起初我们赋予它们形态的目的尚未实现。我们还不知道人造卫星、激光束或电脑内载的全部虚拟性（Virtualitäten）——它们是"危险的"。同时，新工具的设计意图仍然能偏向其他方向，这也是它们让人更感兴趣的原因。工具是命令，而这些命令能决定我们的行动。床说："躺下！"我们周围的工具的目的并不一定是我们自己的目的，其彰显的是制造它们的人的目的。改变它们的方向意味着自由。新工具之所以引人入胜，是因为它们本身就隐藏着未知的虚拟性，还因为它们允许解放行动的发生。

录像是服务于电视的。决定制作录像的人正是出于这一目的。它是制作待播节目程序的工具，也是将节目组合在一起的工具和审查节目的工具。录像消除了现场直播的突发情况。录像是为电视系统服务的工具，而电视系统构成了定义我们文化系统的一部分。

录像带是一种存储器。它将场景存储在一个线性表面上。因此，它有三个维度：表面的两个维度和滚动磁带的维度。它将四维时空简化为三维空间。在这一点上，它可以与雕塑相提并论。但是，它将场景还原成的三维空间的结构与雕塑是不同的。进而言之，还有一个存在论上的差异：雕塑描绘场景，录像带则回放（wiedergeben）场景。录像带与雕塑分属不同的现实层面：录像带具有不同的维度，并且它与所存储的场景的关系也不同。

录像带与电影胶片相似，但胶片是由照片组成的。电影的时间维度依赖于一种光学幻觉。借助录像带，回放和场景是重叠的。录像带同样涉及视觉欺骗，但这些技巧在更接近场景现实的边界上，展现出其他操作的可能性。

录像带是一种类似于字母表的线性符号。为了要接收它的信息，就必须沿着它的线走。但是，录像带呈线性滚动展开，字母表则静止不动。阅读(看)录像带比阅读字母更被动(阅读字母时视线是移动的)，因为录像带不是一维的，而是三维的。因此，阅读(看)录像带比阅读字母表更为复杂。

录像的姿态与拍照的姿态相似，但也有不同。摄影师需要选择一个位置，他必须决定从哪个点拍摄，以便于将场景保存在平面上。因此，摄影师将场景转化为照片。换言之，要想将场景转化为对象(对象的主体是摄影师本身)，就要求摄影师自身能作出明确、坚定和最终的决定。

录像制作者也是站在监视器前的，就像站在他要作决定的场景前一样。他的决定不必像摄影师那样必须对象化(verdinglichend)。这些决定既可以取决于场景，也可以在场景中作出。摄影师需要"客观"(objektiv)；录像制作者可以是主体间的，但无论如何，必须是现象学的。

这使我们又回到与电影的比较上。与电影不同的是，参与摄录的人可以在录制完成后立即读取存储于录像带中的场景。在场景中，他们不必像电影那样必须是演员。他们同时既是主体又是对象，既是存储者又是被存储者。录像带在它自身与场景之间展开对话；电影则不同，它是关于场景的话语，因而它禁止任何直接对话。录像带是一种对话性的记忆。

乍一看，监视器似乎是一面镜子，但它与传统的镜子有诸多不同。监视器会发出声音，它的影像不会左右颠倒。因此，在这个意义上，它与镜子恰好相反：它不会反射来自场景的光线，而是自带阴极线发光。它呈现出与传统镜子完全不同的影像，其新颖程度堪称是革命性的，因为在声音、反射角度(左右不会倒转)和光线方面，它颠覆了我们所有的关于反射、思辨现实的传统概念。它将观看监视器的人置于一个没有

17. 录像的姿态

坐标的空间，后者失去了方向感。

与镜子一样，监视器也是一个玻璃表面，但录像机是将镜子翻转过来，所以它更像一面窗户。就这个层面而言，它与电视更为相似，而不像背面是一堵墙的画布或电影银幕。就其起源而言，胶片和电影的放映是绘画的进一步发展，起源于拉斯科和阿尔塔米拉的洞穴壁画[①]。监视器则与电视一样，起源于原始人观看的水面，是反光的透明表面的进一步发展。在图像的谱系之树上，录像与电影位于不同的分支。通过比较，我们才能看清这一点，并得以让录像和电视摆脱电影模型对它们的宰制。

从谱系上看，电影可以向前追溯到"壁画—绘画—照片"的一脉；录像可以追溯到"水面—放大镜—显微镜—望远镜"的一脉。就其起源而言，电影是一种艺术工具，功能是描绘（repräsentieren）；相反，录像是一种认识论工具，功能是展示（präsentiert）、推测及哲学思辨、思考。这种对比不一定是功能性维度的，电影也可以展示（如纪录片电影），录像也可以描绘（如录像艺术）。然而，录像机这一工具的起源给人的印象是它依旧存在于尚未展开的一系列认识论的虚拟世界。

录像制作者可以操纵时间的线性属性，他可以使历时性的时间共时化[②]。为了将时间的片段同步在统一的表面上，所有录像带都能被重复使用。因此，它与音乐家的创作颇为相似，是一种构成（Komposition），但两者还是有区别的。音乐家使声音的历时性时间共时化（同步），形

[①] 拉斯科和阿尔塔米拉的洞穴壁画是世界上最著名的早期艺术之一，分别位于法国和西班牙。这些洞穴壁画描绘了动物、人类和抽象符号，距今有1.4万年至2.4万年的历史。这些壁画被视作人类文化和艺术发展的重要里程碑，证明了早期人类具有高度的艺术技巧和表现力。——译者注

[②] 历时性的时间共时化包含历时性的时间（Diachronie）与共时性的时间（Synchroniseren）。——译者注

成和弦。这样的声音同步可被称为交响乐(Symponie)。录像制作者则是将场景共时化(同步),也就是把它们叠加在一起。这样的场景共时化也可被称为"交场景"①(Symszenie)。录像制作者沿着事件的序列走向作品,音乐家则沿着声音的序列走向作品。从严格意义上讲,录像的原材料创造了历史,即一系列场景的连续。它不仅发生在历史上,也影响着历史。从这个意义上说,它是一种后历史的姿态,其目的不仅是纪念这一事件(历史性的参与),也是为了创作替代性的事件(后历史性的参与)。

这正是录像机作为一种工具吸引我们的原因:它允许我们发现它的未知的虚拟世界,它的发明者或支付其生产费用的人尚不知晓的虚拟世界。同时,它还允许我们引导其向另一个方向发展。当然,我们在这种目的指向的模型中,能够以预想的姿态来操作录像。在这种情况下,分析将表明我们受制于装置背后的力量。如此一来,在录像制作者于系统内为系统工作的姿态背后,我们将可以发现系统对人们程序化的方式和手段。

但是,我们通过从其他媒介处借来的姿态也可以操控录像,如从电影、文本、音乐作品、雕塑或哲学性思维中借来的姿态。不过,它们将具有一种新的特质。这种新特质来自录像的对话结构。简而言之,我们将面对的是这样一种姿态:它不再试图制作一件以制作者为主体的作品,而是试图制造一个制作者参与其中的事件,哪怕制作者可以控制这个事件。

总而言之,我们面对的是一种姿态,它的到来可以被解读为一种新

---

① "symszene"(交场景)是由"sym-"(综合)与"szene"(场景)组合而成。此处与前文"交响乐"相对应。——译者注

的"在世存在"的方式。这种存在方式挑战了传统的范畴(如艺术、历史行动和客观性等),并提出了新的范畴。但是,这些范畴尚不够清晰,无法被分析。为了理解这些新的范畴,我们必须开始分析各种姿态,如这里只是简单勾勒的录像的姿态。或许,"对话式的推论"(dialogische Spekulation)这样的名称也适用于这种理解。由此,到柏拉图为止的讨论就能得以扩张:它引发了一种猜想,如果古人用录像而不是文字进行思考,那么我们就会有录像档案而不是图书馆,就会有录像学而不是逻辑学。然而,这些都是一些时代错觉。

18. 探索的姿态

我们的姿态即将发生变化。我们正处于危机之中。这部分是论述姿态现象学的最后一篇文章。在此，我们主张将人类的危机从根本上称为科学的危机——"探索的危机"。然而，表面呈现的现象并不支持这一论点。研究者、研究所和图书馆及学校教室里人们的姿态与百年之前几乎相同。跳舞、坐着或吃东西等其他姿态似乎具有了新的结构。这篇文章提出的观点是，我们所有的姿态（我们的行动和思想）因科学研究而具有了结构，所以如果我们的姿态正发生改变，其变化的理由就是探索的姿态正试图改变它。

很明显，事实表明，通过科学研究而引入的技术（研究的结果和幸运的发现）对我们的生活样式及姿态发挥着根本影响。自工业革命以来，对环境中事物的技术操作（过去两百年来一直在进行）就像对人和社会的技术操纵（刚刚开始）一样，似乎是姿态发生根本改变的原因。然而，技术的姿态从根本上说并不是我们所有姿态的模型，它是根据所谓的"纯粹"科学的姿态形成的。探索的姿态事先无法知道所寻找之物是什么，它被称为"科学的方法"，是用手来触摸的姿态。探索的姿态是我们所有姿态的范式（Paradigma），它占据中世纪仪式姿态的主导地位。在中世纪,艺术、政治、经济和科学的所有姿态通过宗教的仪式姿态得以形成。所有的行动(以及一切思想、欲望与被动的体验)都沉浸在宗教性的氛围和仪式姿态的结构中。现在,包含仪式姿态的所有姿态依据科学研究的体系得以形成。到此为止,这就是本文的论点。

可以说,科学研究不费吹灰之力就占据了中心位置。在仪式和研究(宗教和科学)之间,它们从未为垄断姿态模型的权力而进行过斗争。人们在16—17世纪逐渐完全放弃了仪式的姿态。如此一来,探索的姿态就占据了开放的空地。事实上,探索的姿态无法作为其他姿态的模型。这一姿态并非探求某种丢失的东西,而是探求无论是什么都无所谓的东西。因此,探索的姿态是无目的的,也是无"价值"(价值中立)的。姿态的探索无法作为"权威"(Autorität),但它构成了权威。科学研究在我们社会中占据的位置是与其自身相矛盾的。

探索的姿态是革命资产阶级的姿态。资产阶级通过双手劳动:他们与无生命的客体打交道,试图用它们做些什么,他们不与动植物打交道,那些是农民的事。他们也不操纵,那是贵族和神职人员的工作。这一资产阶级的"实践性"知识被局限于没有生命的对象之上。现代研究之所以从天文学和力学开始,是因为它们试图了解无生命物体的运动。这是显而易见的,也是令人惊讶的,因为这些运动从存在论的视角来看,并不那么引人注目。科学研究的起源是市民革命,这是有关兴趣(Interesses)的革命。

中世纪人们的兴趣在于人的生与死,是指向灵魂(Seele)的问题。奥古斯丁说过:"我想知道神与灵魂。没有其他别的吗?什么也没有。"这是数千年来占据支配地位的兴趣。控制革命的资产阶级兴趣的结构则不同。他们想知道的是"自然"(Natur)。何种自然呢?它并非基督教-犹太教的创造物,也非希腊的自然哲学(Griechische Physis);既非

"神"的意志所呈现的"圣工",也非万物各得其所的宇宙性有机体。革命的资产阶级的研究领域是无生命的运动。

因此,那是个没有什么兴趣的领域。他们要探索什么呢?当然,这种探索可以被视为追求工具与机械的制作以使无生命的对象服务于我们的意志。这种探索很有意义,因为它能让我们减少工作,增加消费。然而,如果这样理解,我们就犯了时代性错误。革命的资产阶级并不打算进行工业革命。这是200年以后才要发生的令人意想不到的情况。资产阶级的研究是"纯粹的",是"无趣的":他们无视了感兴趣的问题,从而将幸福与痛苦、不平等与战争、爱与厌恶转交给了宗教、政治、艺术等科学之外的领域。

"人本主义"①(huamnistische)的姿态绕过人类感兴趣的问题,以专心处理人类所不感兴趣的对象。因此,那些人类不感兴趣(人类"关联"不到)的对象都在"远方"。它们是客体,而人类是它们的主体。相对于这些客体,人类位于"超越"(Transzendenz)的位置。因此,人类能够"客观地"认知这些对象。在与石头或星星等事物的关系之中,人类如同神。在与教会或疾病、战争等事物的关系中,人类则不像神,因为他们本身与这些事情"相关联"。"客观性的"知识是人本主义的目标。在这样的知识中,人类占据了神的位置。这就是"人本主义"的姿态,也是资产阶级研究者的姿态。

然而,这并非姿态的全部。无生命对象的移动虽然可以通过数学

---

① 广义而言,人本主义强调的是以人为中心的思想,它观照个体的价值、尊严和潜能。它起源于古希腊时期,当时的哲学家,如普罗泰戈拉提出,"人是万物的尺度",强调以个人的感知和判断作为评价世界的标准。文艺复兴时期,人本主义进一步发展为一种文化运动,主张从以神为中心转向以人为中心,推崇人的自由、理性、创造力和对美的追求。在当代,人本主义通常与教育、伦理和个人自由等议题相关联,强调个人的自我实现和社会责任。
——译者注

等式进行叙述,但令人感兴趣的问题却无法如此。诉诸数学虽然是由来已久的理想,但并非资产阶级的理想。在早期阶段,这一理想与音乐创作、妖术和魔法一起被捆绑。数学性的表达最初表现为弹琴和吹长笛的姿态。然而,这个姿态发生了变化,它成了阅读(Ablesens)的姿态。在伊斯兰教中,自然是由神书写的图书。它由数字书写而成(阿拉伯语"Maqtub"具有"文章""命运"的含义)。在神的帮助下,人类得以阅读此书。在自然复杂的数字背后,人类发现了单纯的算法。革命的资产阶级试图将这无生命的对象的运动以"伊斯兰的"形式,准确地说,是以数学的形式进行解释。资产阶级的探索姿态也是一种破译的姿态。正是由于这一点,他们的研究才变得"严谨"(exakt)。

总之,大约在 16 世纪,革命的资产阶级将其自身的姿态(对没有生命的对象的研究)引入我们的社会。如此,这一姿态成了所谓"纯粹的"研究姿态。通过这种方法,一种新型的"自然"被发现了,并且这种自然允许人们探寻客观而精确的知识。人类成为这一自然的超越性的主体。超越性主体的姿态是自然科学的姿态,并且它成了我们所有姿态的模型。然而,这一姿态也正处于变化的边缘。也就是说,它处于"危机"(Krise)之中。

唯一令人惊讶的是,这场危机来得如此之晚,因为资产阶级的"自然"不断扩张,也越来越多地引起人们的兴趣。在现代性的进程中,他们大致开始渐次关注生物、人类精神和社会(生物学、心理学、社会学)。这种"自然"的扩张让"纯粹的"研究姿态面临着新的问题。事实证明,生物学、心理学、社会学及经济学所研究的知识,既没有那么"客观",也没有那么"严谨"。"纯粹的"探索姿态似乎不足以处理这些问题。至少在两个世纪前,这一点就以一种痛苦的方式变得明晰起来。然而,危机在当时并没有出现,因为工业革命在其间兴起。工业革命表明了探索这种"纯粹的"姿态的方式十分适合考察无生命的对象。然而，此时工业革命已然被消化，"纯粹的"研究危机已经开始了。这场危机来得太晚了，所以它可能变得更加危险。

很明显，客观性和严谨性现在被视为（资产阶级意识形态的）一种理想。在现实中，"纯粹的精神"或"纯粹的知识"都是不存在的。科学研究不可能像资产阶级的意志所希望的那样，是一种超越智慧的姿态。科学研究无法依从资产阶级的意志而成为超越精神的姿态，也不能像资产阶级理想所盼望的那样，以从外部对客观自然进行技术操纵而告终。如今，我们可以明确的是，科学研究的宿命只能是某种存在方式。科学研究是人类的一种姿态。人类潜入世界，以自己的兴趣改变世界，从而适应自己的需要、欲望与梦想。人们不得不意识到这一点，这就是探索姿态所处的危机。

探索的姿态旨在寻找客观且严谨的知识，这一姿态将变得不可行。但是，一种新的探索姿态正在出现。

认知主体通过具有一致性（Adäquation）的姿态寻求对可感知对象的客观理解。此时的前提是，主体与客体是相互不同的个体，并且它们是在认知过程中相遇的。科学研究并不是"无条件的"，主体与客体的这种区分是科学研究的前提条件，至少从笛卡尔以后，我们一直承认这种前提条件的难点。这是事实。我们无法理解"理解"如何等同于它所理解的事物，也没有人理解"思考者"如何等同于其所思考的事物。笛卡尔曾提到"神的共谋"[1]，但这也没能阻止数百年间学者们对这一根本性难题的认可和对客观性的探索。如今，这一难题已然无法被克服。

---

[1] "Concursus Dei"是拉丁语，意为"上帝的协作"或"上帝的共谋"。这个概念常见于中世纪哲学和神学，特别是基督教哲学。它描述了上帝在自然界和人类历史中的作用方式，特别是在解释看似偶然的事件时。——译者注

18. 探索的姿态

探索的姿态现在越来越清楚地表明，主体与客体总是一致的。主体常常是某个客体的主体，而客体常常是某个主体的客体。没有无客体的主体，也不存在无主体的客体。认知并不是主体与客体的碰撞，而是一种具体的关系，主体性的和客体性的两极可以从中被抽象出来。主体与客体是具体关系的抽象性的推定（Extrapolationen）。"超越的精神"与"客观给定的世界"是从具体的现实——既是从我们自己，也是从我们在其中的现实——中推定出来的意识形态概念。

探索的姿态本身说明了这一点。在物理学中，它显示了探索的姿态在多大程度上影响、定义和改变了客观世界。这在社会学、经济学、语言学及相关学科中体现得尤为明显。所有对象是通过探索才成为对象，并且所有的主体是通过对某物的探索才成了主体。所谓对象，就意味着被探索；所谓主体，就意味着进行探索。无论是"理想主义的"，还是"现实主义的"，客观性的意识形态概念都使探索的姿态变得模糊。我们应该将探索的姿态从这一语境中去除。然而，这将使姿态的结构发生变化。

资产阶级的学者"毫无偏见地"（vorurteilslos）走近自己的对象，他并不进行"评价"。这是多么微妙的矛盾！"纯粹的"研究者的价值在于无法容纳任何价值。这一矛盾一直被人们承认，却从未阻止过研究者对纯粹性的追求。如今，矛盾确实存在，因为今天姿态展示出它是人类的行动，是被困于丰富现实中的生命体的行动。没有盼望和痛苦，没有价值，就无法探索。尤为重要的是，认知是热情，热情是认知的形式之一。所有的这些都是在充实的人类生活之中，在"在世存在"中产生的。所谓"纯粹的"、道德中立态度的姿态就是一种欺骗的姿态，因为它是不人道的，是异化的，是疯狂的。

如果这是对无生命的对象的认知，这种异化就仅仅是认识论的异化。在这种情况下，这只是一种错觉。然而，如果它涉及其他事情（如疾病、战争、不平等），这种异化就是一种罪恶。将社会视为蚁群进行研究的学者和将经济视为象棋进行研究的技术官僚都是犯罪者，两者主张通过客观的知识去克服任何意识形态。事实上，两者都是客观性意识形态的牺牲者。技术官僚体系是资产阶级意识形态的政府形态，它试图将社会变成可操纵的集体（Masse，大众），即没有生命的对象。

技术统治之所以危险，是因为它行之有效。如果以道德中立的立场看待社会，实际上就是将社会对象化了。社会成为能被识别的、可操纵的装置，而人类成为可被识别的、可操纵的功能部件。通过统计数据、五年计划、增长曲线及未来学，社会实际上成了蚁群。然而，这是疯狂的。这种社会并不是我们感兴趣的社会，这种人类也并不是在这一世界上与我们共同生活的人类。如今，我们可以看到这种疯狂在起作用，并且我们知道它是"纯粹的"研究结果。探索姿态本身展示了客观性是一种犯罪。客观性必须被摒弃。然而，仅通过这一点，我们还无法改变探索姿态的结构，因为它在本质上是将主体与客体同化。它的行动仿佛对象渴望被主体把握，而主体又处于能够把握对象的状态。因此，这一姿态可以被分为两种策略："客观性策略"和"主观性策略"。

从主体的角度来看，其策略是避免所有的价值评价，并且主体通过数学和逻辑学事先被程序化。如此一来，一个非常特别且十分可疑的"研究者"就出现了。在文学作品中，他以弗兰肯斯坦的形象出现；在实验室中，他以科学家的形象出现；在历史中，他以奥本海默的形象出现。在客体方面，这一策略是通过某种定义将一个现象转变成"客体"，再将这一现象从具体的脉络（语境）中剥离。将现象转换为对象，是在物质的、精神的实验室中进行的操作。这样一来，鸟儿的叫声就成了声波的振动，痛苦就变成了有机体的功能障碍。一旦通过这种方式来确定主体与客体，那么两者的一致就得以形成。接下来的姿态，就是对其进行表象性的描述。

研究者必须调动一种净化意识，他要将（对）一些东西（的考虑）从意识中清除出去，如他要忘记有人为这项研究支付经费，忘记要么发表要么毁灭，忘记如果他发现了什么他就会成名，忘记他的发现可能对社会有益（或有害）等任何与价值判断相关的考虑。如此一来，他就"问心无愧"了。接下来，他言及逻辑学和数学的体系，并将之前科学研究的特定主张储存在自己的记忆中。然后，他接近一个已经为此目的准备好的对象，试图发现这一对象是否符合已经在记忆中被储存的结构和主张。他尽量不通过姿态对这一对象施加任何暴力。他允许对象对提议的结构和主张回答"是"或"否"。这个研究过程叫作"观察"。如果对象说"是"，那么这一结构和主张就是"被观察验证的"，对象也就被认为"得到了解释"。如果这一对象说"否"，那么真正的研究才刚刚开始。也就是说，研究者要在被储存的主张中取消一个，并提出一个新的主张。被取消的主张成为"通过观察而被确认为虚假的假说"，新的主张则成为"操作性的（operativ）假说"。这一研究过程被称为"方法论的怀疑"，此类主张的连续则被称为"科学的进步"。

操作性的假说（Werkhypothese）是可以被反复使用的研究工具，它可以将还没有准备好的现象从具体的语境中分离出来。这些所谓的现象就是"被发现的对象"，因为根据这些操作性的假说，我们才能发现如恒星、生物的物种或核粒子等对象。正因如此，科学研究的世界才处于持续扩张的状态。这种扩张反过来又会要求研究的进一步细分。这被称为科学研究的"逐步专业化"。

操作性的假说一般都有逻辑性和数学性的结构，它们被储存于研究者的记忆中。我们将这些假说分成不同的群组，以考察它们的一贯性。这一研究阶段被称为"理论"。具有一致性的假说,即理论,是对客观世界的更广泛领域的阐释,它们有更具包容性的优点。然而,这些假说中但凡有一个被观察证伪,整个理论就都要被抛弃了。试图颠覆理论的这一研究阶段被称为"基础研究"。被证伪的理论可以被其他"更好"的理论取代,即比被证伪的理论更简单、更全面的理论取代。这就是"范式转换"。

我们在这里只是表象性地叙述探索的姿态,它总是伴随着(科学哲学的)批判性反驳的合唱。这一合唱提出了这样的问题:科学性命题的"真实"是什么?它是科学的问题还是哲学的问题?理论与假说相比是否更加真实?命题的逻辑性、数学性结构的形成,是依据主体的事先程序化,还是依据对象性世界的结构?如果不是如此,那么它到底处于什么状态?这些问题(以及类似的其他问题)从未找到令人满意的答案,因为正如我们现在所知道的,这些问题都不是好问题。这些问题犹如探索的姿态原来所做的那样,都是以主体与客体的分离为前提的。然而,没有答案并不重要,因为当时的技术还在发挥作用。这是一种无可辩驳的实用主义主张。现在,我们对探索姿态的问题转向了其他的方向。这一"纯粹的"研究者,这一可疑的主体,这一弗兰肯斯坦式的专家究竟可以如何把握现实呢?他的命题不总是意识形态的抽象概念吗?研究者所说的这种脱离具体现实的客体背景,难道就是我们所熟悉并希望改变的世界吗?这难道不是一个非现实的、无法想象的世界吗?难道这些研究者不仅什么都没有发现,还失去了一切吗?这所谓的"进步"难道不是一种疯狂吗?

技术在无生命的对象上很好地发挥作用,这一实用性主张显然依旧有效。这已经不足为奇了,因为实际上,我们已经在某种程度上超越了这些对象,而且技术也确实发挥了作用。例如,桥梁基本上还在发挥

18. 探索的姿态

功能。但是，对于其他事物来说，只有当它们首先变得没有生命时，技术才会发挥奇妙的作用。比如，假牙之所以像桥梁一样能很好地发挥功能，是因为牙医将患者视为一种无生命的对象。在制作假牙时，人变成了无生命的生物。这确实是一件很奇怪的事情。也许人们为了制作功能良好的假牙愿意成为一个没有生命的客体，但这并不一定是值得的。与此同时，有利于技术的实用性主张也开始动摇了。

我们开始对这种主张和技术失去信心。我们当然并不怀疑，通过技术，现在的世界已经被越来越熟练地操纵了。然而，我们认为这个世界具有局限性。毫无疑问，我们可以继续设计出一些更精密的技术玩具。我们可以将人类的身体对象化，进而对其手术。我们能操控经济，能将人类的精神程序化，然后再对其展开操作。也许我们甚至能制造出人类。然而，当前也存在两种忧虑：第一，这种逐步的对象化是否会加速具体现实的丧失；第二，这种逐步对象化的过程是否能引发更多的兴趣。这些都是实存性的怀疑。

探索的姿态在认识论、伦理及实存上都变得令人怀疑了。它是虚假的、罪恶的，也无法令人产生兴趣。探索的姿态必须改变，我们所有的姿态也必须随之改变，因为它是我们所有姿态的模型。我们正处于危机之中。

研究姿态的基础是主体与客体、人类与世界，以及我和他者之间的区别。但是，我们正试图放弃这一基础。这种存在论的革命带来了认识论的、伦理的和美学的革命。我们全部的姿态正在发生变化，因为我们不再把世界理解为被操纵的客体，也不再把人类理解为操纵的主体。我们将世界置于我们之中，与世界共同参与，并且我们开始将世界理解为与自己一同参与的我们的环境。我们开始将人类，包括人类对对象的操纵，理解为这一环境本身的姿态。我们不再认为自己在做出姿态，而是认为自己就是姿态。这一存在论革命将资产阶级（人本主义）的宇宙论和人类学与"理想主义"和"现实主义"的错误问题一起废弃。这一革命在我们姿态的变化中,尤其是在探索姿态的变化中出现了。

研究的出发点并不是在假设或在观察中寻找,而是在"在世存在"的具体的、稳健的生活体验中寻找。这与17世纪意义上的经验主义无关。当我们将"aistheton"译为"经验",将"aisthesthai"译为"体验"时,这就是"审美的"(ästhetisch)出发点。与艺术一样,科学是一种姿态,也是一种骗术。与此同时,中产阶级的艺术和科学的区分也倒塌了。然而,生活经验不仅是狭义上的审美。它既是去享受,也是接受痛苦。生活经验创造出价值。从这一体验中出发的研究者试图通达某种价值,而这种价值就是自由。研究者正试图突破自身的局限。通过这种方式,他清除了中产阶级对科学、技术、政治的区分,因为政治关乎自由。研究者不再是一个"纯粹"的主体,而成为一个活生生的人,即在认识论、伦理学和美学上同时生活的人。如此一来,研究的结构发生了变化,"科学"的概念也随之发生改变。这基本上是一场兴趣革命。

突然间,研究者清楚地意识到,无论是近在咫尺,还是远在天涯,他都参与到自己感兴趣的环境中。环境的某些方面会让他产生浓厚的兴趣,另一些方面则很难触动他。研究者对环境的某个方面越感兴趣,这个方面对他来说就越"真实"。这种兴趣的强度和"接近性"成为现实性之物的尺度。自然而然地,在这一尺度之中,研究的结构和"母题"（Mathesis）就诞生了,并且用于设定方向的地图也被创建出来。

这一研究者处于他所在环境的中心。他所停留之处即为中心。他的周围发生着许多事情,其中一些与他息息相关。它们向他逼近,他向它们投射,与它们对抗,并对自己进行设计。越走向地平线,事件的数量就越少，对事件的关注（兴趣）也就越少。然而，事件越走近（研究者），研究者就越接近地平线。因此，"近"的维度具有动态性。这一动态性是人类生活的动态性。在这种张力的结构中，即在研究者自身的生活中，他们找到了通往自己地平线的道路。

因此，"理论"的概念在其意义上发生了革命性变化。对古代人而言，"理论"是对永恒形式的沉思性审视。对资产阶级而言，它是同一组连续的假说。现在，理论正在成为一种"在世存在"的策略。现在的研究者和理论家尽管根据接近（环境）的程度去评价环境，但这并非为了观察环境的形态或以假说的方式考察环境，而是为了将接近的可能性转换为自由。在理论的维度上，探索的姿态再次成为生活的姿态。

"空间关系学"[①]（Proxemik）与资产阶级研究的"厘米/秒"测定属于完全不同的维度。它不测量对象之间的距离。我与我等待的牙医之间的"厘米/秒"间隔并不是我和期待与我见面的儿子之间的"厘米/秒"间隔。当然，空间关系学与"厘米/秒"有关，前者使后者具有存在意义。它测定了我的希望、担忧和我的计划，它测定了我对远方的召唤[②]。后者就是前缀"tele-"的含义。

然而，空间关系学绝对不是"主观的"，因为现在的研究者不是浮于世界之上的、以自己为中心的主体。总有其他人和他同在这世界上。他们通过空间关系学测定自己周围的环境。这些环境与我的环境相连，所以不同的测量值通过相互作用而结合在一起。我们共同测量。因此，这一研究是对话性的。空间关系学是一个主体间性的维度，它测

[①] 空间关系学是研究人际距离和空间的社会心理学领域。这个术语来自希腊语"proxenos"，意为"亲近的、友好的"。空间关系学专注于个人在社交互动中保持的距离，以及这些距离是如何影响人际沟通和关系的。——译者注
[②] "我对远方的召唤"指将远处之物拉到近处的欲望。——译者注

定的是对其他人和我来说共同性的"存在"。在研究的过程中，我自然而然地与他人相遇。他们对我来说大体是贴近的，并且大体是令人感兴趣的。我必须使空间关系学的尺度适用于他人。然而，如果我遇到了他们，从那时起，我们可以一起测定我们的环境。如此一来，探索的姿态再次成为寻找他人的姿态。

这使得研究具有"进步"的特征，但它与资产阶级的"进步"完全不同。相对而言，资产阶级的研究是以客观性世界认知为理想目标的话语。现在，研究是对我们生活环境而言，是以主体间性的认知为理想目标的对话。资产阶级的理想结果是一种操纵整个客观世界的技术。今天研究的理想结果是生活条件的最优化与远程信息处理技术[①]（Telematik），目的是获取共同接近的可能性。对于这种研究来说，线性的进步并不存在。进步反而是为了带来共同的机会使彼此接近。

这就需要改变模型。在资产阶级的研究中，时间被塑造成一条河流，从过去流经一个被称为"现在"的假想点，并流向未来。空间的模型则是一个空盒子，它的中心被约定俗成地固定下来，它的轴线则消失在无限之中。现在，我们应该开发完全不同的模型，以对应这一环境。我们从此再也无法区分时间和空间。我们模型的中心是现在，这一"现在"是我们所处的此时此地。指向现在的那些事件从四面八方涌来，所以所有的方向都是未来。然而，所有的方向也都是事件的空间。因此，现在和未来使"时间-空间"的概念得以出现。至于过去，它不再与现在和未来处于相同的维度。在我们的模型中，过去是以记忆的形态接近或以遗忘的姿态被隐藏的现在的一个维度。记忆和遗忘是相同的，都

[①] 弗卢塞尔认为远程信息社会是人类迄今为止最为自由的社会。他定义的远程信息社会是一种系统搜寻新信息的对话游戏。这种规则化的搜索被称为"自由"，搜索的方向则是"意图"。——译者注

是"时间-空间"概念。

显而易见的是,由探索姿态的变化创造出来的新模型再次指向其姿态本身。这一点通过历史研究而变得明确。我们再也不能用资产阶级的算术标尺(Skale)来衡量历史事件了。这种标尺被划分为年、世纪和地质年代,其原点消失在过去的深渊中,终点则停止于现在。现在,我们就需要对数(Logarithmisch)标尺去衡量历史事件。它的原点是现在。这一标尺越接近记忆和遗忘的深渊,其刻度就越细密、越不明确。也就是说,我们不能再通过过去阐释现在,因为现在是我们的出发点。对我们来说,现在不再指向过去,而是指向未来。对我们来说,事件的江水不再从过去流向未来,而是从未来向着现在流淌。这就意味着我们探索的姿态不再是资产阶级意义上的"向下"。它不再是钻研(Grübeln)了。

当然,模型的变化改变了探索姿态的所有参数,包括物理参数、心理参数、社会学参数和经济参数。但是,这一变化最具革命性的一面体现在这一姿态的历史参数上。我们不再通过成长曲线、统计数据和未来学预言,从过去投射到未来。在我们的模型中,时间的江水正流向这种投射的反方向。也就是说,我们不再将过去投射到未来,而是把我们自己投射到未来。这正是探索姿态新结构的最明显特征:它是自身对从四面八方逼近的未来的投射,它为未来写好剧本。可以说,探索的姿态更富于人性化了。就像猿猴的长臂一样,我们再次伸出手臂,从细小之物中得出结果。

我们的姿态很快就会改变。也就是说,我们的存在方式处于变化的过程中。这是一个缓慢且痛苦的危机。我们姿态的大部分依然具有传统性的结构。其他姿态则令人惊讶,甚至引起抵触。新生的东西常常就像怪物,我们很难在这些新生的姿态中找到方向,因为我们不仅从他人那里观察到这种姿态，自己也正以这种矛盾的方式做出姿态。我们的危机不是单纯的外部危机。从严格的意义上来看，这是我们的危机。

然而，我们有机会找到方向，因为探索的姿态依然是我们所有姿态的模型。根据本文所述，这一姿态复杂而痛苦的变化成为我们所有姿态变化的基础。我们能在物理学、生物学、经济学和考古学的各个领域中观察到这一变化。从根本上说，这不是方法论的变革，而是存在论的变革。也就是说，它是一种正在奋力崛起的新信仰。这就是为什么我们的姿态在改变，我们的现实在转变。我们不再认为现实是一个客观世界并且与人类精神对立。我们开始相信现实是实在现实（Faktum），我们与他人共存于这一世界。然而，这种对他人的信仰是与过去的犹太-基督教的信仰，"人本主义"和马克思主义的信仰不同的新姿态吗？当然是，但这并不是它令人感兴趣的地方。事实上，新的形式才是令人感兴趣的。对于这一事实，如果我们看看探索的姿态现在如何变化就能知道了。为了寻找原因，一直摸索着"向下"（钻研）的姿态正在变成向着迫近的可能性张开双臂的姿态。

19. 附录:走向姿态的一般理论

一、动机

姿态的一般理论将成为我们在面对人和事物时,了解环境、明确形势的一种手段(工具)。它将是一种界面理论,因为它把不同的学科,特别是人类学、心理学、神经生理学和传播学诸多学术领域联系在一起。因此,这个理论将横跨科学之树的各个分支,弥合自然科学与人文科学之间的鸿沟。这不仅体现在它的方法论上,也体现在它拒绝任何"价值无涉"的主张上。也就是说,它将意识到自己的工具性特征,即使采用的是所谓精确科学的方法,也始终以影响和改变人类为目标。作为一种界面理论,它将突破那些已被详尽阐明,并且在大学和其他地方被制度化呈现的科学结构。从这个意义上说,它具有反学术的特征。同时,它具有反意识形态的特征,因为尽管它对人和事感兴趣,但它尽量避免带着已有的预设开展研究。该理论的这些跨学科、反学术和反意识形态方面的特征,大概将成为未来一系列理论的特征。因此,这将是一个超越当前科学危机的项目,其推动力必然来自传播理论,因为姿态的传播属性超越了其他任何方面。然而,姿态理论并不是传播理论中的一个特殊领域。相反,它将是一种一般理论,而传播理论将关注姿态的一个特别方面,即交流方面。因此,传播理论关注的不是诸多现象中的姿态现象。相反,它将被归入姿态的一般理论。目前,它虽像异物一样被嵌入具有科学结构的传播理论,但将在重组后的科学中找到自己的"有机"位置。

二、定义理论阐释力

姿态可以被视为一种运动。从这一意义角度出发,我们可以将运动分为以下几类:(1)运动可以通过理解外力对运动物体的影响获得充分说明;(2)运动需要理解身体内部力量的影响才能得到充分说明;(3)运动可以按照第二类进行说明,但仅靠此种说明无法令人满意。第一种类型的例子是自由落体中的物体,第二种类型的例子是变形虫游泳,第三种类型的例子是书写文章时手的运动。在这种分类中,类型的部分重叠并不是什么大问题,因为分类的标准是认识论的方法,它只取决于运动被识别的方式。第三种类型常被称为"姿态",并构成姿态一般理论的适用领域。

将定义姿态的方式与定义其他运动相区别,原因在于认识论上的多因决定性(Überdetermination[①])。略显矛盾的是,它们被说明得太清楚了。当我抬起手臂时,我完全可以把这个运动说明为自外部作用于手臂的力矢量的结果。这个观点完全可以说明一切。但奇怪的是,机械式的说明却忽略了运动的核心,让观察者感到不满(除非人们特别想寻求18世纪的机械式说明)。这种"充分说明"令人不满,是因为有许

---

① 也译为"超决定性"。在弗洛伊德的精神分析理论中,"überdetermination"描述的是一个心理现象,即一种心理结构的形成是由多个因素共同决定的,而非单一原因决定的。这表明心理冲突和欲望往往是多种复杂的心理和社会因素共同作用的结果。——译者注

19. 附录：走向姿态的一般理论

多内在力量也参与了运动，却没有被认识到。如果考虑到这些矢量，我就能对手臂运动作出"更好"的说明。在此过程中，我们会发现这些矢量来自不同的存在论领域。例如，手臂运动涉及生理、心理、文化、经济和其他同样起作用的各种因素。手臂运动可以被说明为典型的"人类的"运动或典型的"神经质的""巴西人的""中产阶级的"运动。手臂运动可以在上述任何一个层面得到充分说明。它完全是一种生理、心理等方面的现象。然而，任何一种说明方式都会留下些许不满（除非人们沉溺于生机论①、心理主义②、文化主义③、经济至上主义或类似的意识形态），因为它们都绕过了现象的核心。可以说，即使综合多种说明，甚至综合全部说明也不能让人满意。组合确实会使说明更加完整（虽然奇怪的是，就每个独立的层面来讲，说明已经很完整了），但在解决手臂运动的问题上毫无裨益。

这种不满源于我知道自己抬起手臂是因为我想这么做。当然，我也知道我的手臂动作是被决定的，并且事实上是被多种因素决定的，正如各种说明所显示的那样。但是，这第二种认知并没有消除第一种认知。事实上，它甚至没有触碰到第一种认知。当然，我也可以推测这种

---

① 生机论（Vitalismus）是一种哲学思想（与机械论相对），认为生命现象不能完全归因于物理和化学过程，也与生命体内部存在一种特殊的、非物理的生机或生命力量有关。这种观点认为，生命体有独特的属性，如自我维持、自我发展、适应环境的能力等。这些属性不能仅通过物理和化学规律来解释。它提醒人们关注生命现象的独特性和复杂性，以及科学解释的局限性。——译者注

② 心理主义（Psychologismus）是一种哲学立场，认为心理状态和过程是理解认知和思维的基本单位，个体的心理活动是构成知识和信念的基础。简而言之，心理主义者认为心理现象（感觉、意愿、情感等）是阐释思维、知觉、记忆、语言等知觉过程的关键。除此之外，心理主义也存在过度强调心理学成果的倾向，试图从心理学的角度解释逻辑学、伦理学、美学等哲学相关的问题。——译者注

③ 文化主义（Kulturalismus）在社会科学和人文学科中通常指过分强调文化因素来解释个体行为和社会现象的倾向。——译者注

意识的辩证关系，从而对其作出说明。例如，我可以说自己的自由是多重因素共同决定的结果，我既是完全被决定的，又是（在手臂运动的情况下）完全自由的。但是，这种说明（实际上不再是说明，而是"辩解"）也不能令人满意。我知道我抬起手臂是出于自由意志，所以，决定抬起手臂的不是那一刻的动机，而是如果我不想，我就不会抬起手臂这一事实。我的认知的这一消极层面使得所有针对手臂运动的客观说明，甚至是辩证说明，都不能令人满意。

至此，"姿态"的概念可以被定义为一种表达出某种自由的运动。姿态作为运动，正如所有其他运动一样，事实上是被决定的，并且在这个意义上是完全可以被说明的。然而，与其他运动相比，其独特之处在于，它表达了一种我们不得不命名为"自由"的内在性①（Innerlichkeit）。因此，姿态的一般理论的阐释力是研究自由的表达及使其体系化。它不是一种形式理论，因为它研究的不是自由本身，而是自由在现象上的、可见的表达。为此，它必须参考相关客观学科提供的所有可用信息，但不能止步于此，因为它涉及的是表达，所以它是对意义的研究，是一种符号学。客观信息与意义之间紧张的辩证关系将是这一理论必然要研究的领域。

尽管有了一个关于姿态的定义，也有了关于姿态的一般理论的阐释力范畴（管辖领域），但本质的东西尚未被触及，因为当我观察别人的手臂动作时，我无法确定是否能直接解读出他的内在、他的自由。相反，自由具有一种奇特的能力，可以将自身隐藏在表达自由的姿态中。自由拥有说谎的能力。说谎的能力似乎是姿态现象的核心，所以它及与之相关的揭露谎言的方法也必须是关于姿态的一般理论的核心。这

---

① 内在性指内在的存在、本质。英文版将其翻译为"subjectivity"（主体性）。——译者注

样一来，该理论就具有了伦理的（甚至参与的）特征。姿态的定义可以被重新表述为：它是一种运动，通过这种运动表达出一种自由，一种向他人隐藏或展示（自己）的自由。通过这个新定义，姿态的接收者被纳入姿态一般理论的范畴（管辖领域）。据此，这一理论也成了传播理论的元理论。

三、几种方法

上述有关姿态概念的定义是从认识论的角度提出的，这样做是为了将一种理论与另一种理论相区分。但是，以这种方式得出的定义有一个缺点，即只把姿态作为一种运动来把握，而没有谈到运动的原因。为了将姿态划分为不同的类型，以便让相关理论有一个适用领域，我们必须改变对姿态现象的看法。这意味着一些具体的姿态必须被关注，也必须找到并对它们进行体系化。正如亚伯拉罕·莫尔斯①所说，我们必须编制一份姿态清单。但是，我们或许低估了编制工作的难度，即在编制开始之前必须有一套预设的标准，可只有完成清单后才能真正提供标准。服务于清单目的的标准可以在使用后被丢弃，但姿态的动机问题不容忽视，因为这个问题的答案包含为姿态排序时的最明显的标准。

将姿态中什么在运动作为标准，可以将姿态分为两类：类型一是人体运动的姿态，类型二是与人体相连的其他东西运动的姿态。从对姿态的定义中可以看出，对于类型一而言，并不是身体的每一个动作都可

---

① 亚伯拉罕·莫尔斯（Abraham Moles），法国斯特拉斯堡大学教授，最早发现并开始研究书写之后的书写。他与德国学者马克斯·本泽（Max Bense）一起传播信息论美学与设计论。其中，信息论美学是信息论与美学相结合的产物，是用信息论的观点和方法解释审美现象的一门新兴的边缘学科。——译者注

以被视为姿态。那些在客观上可以被充分说明且并非表达某种自由的身体动作(如在强光下闭上眼睛或在疼痛时握紧拳头),即使其现象上的姿态能让人历历在目,它们也不是姿态。

对于类型二,我们不妨先将以这种方式运动的物体称为"工具"。工具的概念被定义得相当广泛,以至于涵盖所有在姿态中运动的东西,包括一切表达某种自由的东西。当然,我们通过把工具称作身体器官的延伸,把身体器官称作自由的工具,可以模糊这种区分。但这并非一个好方法,因为它导致了混淆。从方法论的角度看,正是移动手指的姿态与移动钢笔的姿态之间的区别,才让人有兴趣去确定这两种姿态各自的本质。比如,如果我们认为工具是实现自由的手段,我们就可以从两种维度进行审视:从一个视角来看,钢笔可以被视为手指的假体(手指的向外延伸,"手指的外化");从另一个视角来看,手指可以被视为钢笔的"外科矫正"(钢笔的向内延伸,"钢笔的内化")。我们很快就会发现,类型一的研究强调的方法与类型二不同。例如,类型一需要更多地依靠生理学,类型二则更多地依靠技术。

类型一的姿态能以身体运动部位作为标准展开进一步的细分。我们在此不采取这种标准,因为据此会产生太多的分类。想想看,需要何种精细程度才能区分手指挥动的姿态和手挥动的姿态。然而,此时有必要指出的是,各种姿态并非对理论有同等重要的意义,那种涉及口腔专门部位(如舌头或嘴唇)的姿态会显得尤为突出。因此,关于姿态的一般理论将成为语言学的元理论,因为语言被视为一种特殊的姿态。这将进一步对姿态理论的方法论产生决定性影响,因为语言将不再像以往那样被当作解读所有其他姿态的模型(就像人们会谈论"舞蹈语言"或"表情语言"一样)。相反,关于姿态的一般理论必须为解读语言的姿态提供一种模型。

19. 附录：走向姿态的一般理论

类型二可以根据运动的工具而进行分类，由此可以区分出"锤击""绘画""转舵""射击""书写"等。同样，我们在这里也不作分类，但只要一想到将进行这样的分类，就足以说明这里提出的理论的适用范围有多宽广。它将涵盖所有"真正的"活动，包括表达某种自由的活动。至此，那些认为"一般理论"这一表述过于宽泛的人可能会感到，过于宽泛的不是这一称谓，而是理论本身。作为一种危险，它是不可以被忽视的，但这种危险已经内在地存在于"姿态"的定义。正如其定义所言，它实际上指的是人类能动性的"在世存在"。要窄化姿态的定义，就必然错失现象的本质。"姿态"一词的词源（源于拉丁文"gestae"，意为"行为、事迹"）在某种意义上也暗示了这一定义。

这里提出的姿态分类给人的印象是，研究方法是交织在一起的，而方法背后的理论，那个一开始被称为"界面"的理论是存在争议的。如果考虑到这里建议的分类只是众多可能性中的一种（甚至不是方法论上最有趣的一种），那么姿态理论会涉及完全不同的学科之间的合作就更加明确了。总体而言，我们更倾向于以给定姿态的结构，即其"核心"为标准的分类方法。

根据这一思路，我们可以尝试将姿态定义为四种类型：第一种是面向他人的姿态，第二种是面向某种材料的姿态，第三种是不指向任何事物的姿态，第四种是指向（回）自己的姿态。第一种可被称为"严格意义上的交流姿态"，第二种为"劳动的姿态"，第三种为"无利害关系的姿态"，第四种为"仪式姿态"。前三种类型可以被归为"开放或线性姿态"，第四种类型则自成一格，是"封闭或环形姿态"。需要另外说明的是，这两种结构虽然被划分为特定类别，但在实际的姿态现象中都是混合出现，而且没有一种实际的姿态完全属于这四种类型中的一种。也就是说，这四种类型是一种理论建构。在方法论上，这不是缺点，而是优点,因为理论必须探究每个具体姿态在多大程度上具有交流属性,在多大程度上具有劳动属性,在多大程度上是无利害关系的,在多大程度上具有仪式性。

即使按照刚才提出的分类方法(也可能会有人提出反对意见,从而给出相反的建议),我们也仍然无法避免因姿态的一般理论过于宽泛而带来的危险,因为它本身就是一种元理论:(1)传播理论;(2)劳动理论,包括艺术批评;(3)未来的荒诞理论,这种理论必须与艺术批评重叠;(4)魔法和仪式的理论。各个类别的情况如下。

对于类型一,即交流的姿态,姿态理论必须区分姿态的信息与其表达方式,如必须将说了什么与如何说区分开。当然,这两个方面是辩证地联系在一起的,但从理论的视角来看,我们是在处理姿态的两个不同维度。对表达方式的解读揭示了做出姿态者(Gestikulierende)的自由。也就是说,解读者由此知道做出姿态的人是在隐藏自己还是在展示自己(他是否真实)。对信息的解读则显露出做出姿态者的意图(主体间的表达是否真实)。在这里,我们需要用不同的方法解读两种不同的符号。只有同时破译这两种符号,我们才能说达成了"真正的"交流。只有这样,一个姿态,如言说的姿态,才能被另一个姿态接受。这样一来就很明确了,"表达(媒介)即信息"这句话建立在符号混乱的基础之上,但如果将传播理论纳入关于姿态的一般理论,我们就可以避免这种混乱。区分表达占主导地位的姿态和信息占主导地位的姿态的必要性也是显而易见的。麦克卢汉"媒介即信息"这一论述的错误,源自它产生于表达压倒信息占主导地位的电视时代。如果将电视图像定义为第一次分类中的类型二(作为运动的工具)和第二次分类中的类型一(交流的姿态),并将其纳入姿态的一般理论,就可以避免这种错误。正如上面的例子所示,将传播理论纳入姿态的一般理论会改变传播理论。

对于类型二,即劳动的姿态,该理论首先必须区分真实的和虚假的姿态,因为如果姿态被定义为某种自由的表达,那么绝大多数指向材料的身体和工具运动就不会是姿态。虽然可以从客观上来解读的姿态通常被定义为劳动,但大部分劳动理论都不属于一般姿态理论的范畴。该理论并不涉及在传送带上、银行出纳窗口或高速公路上可以观察到的运动,因为借助客观理论便可对这些运动作出完全令人满意的说明。然而,我们甚至无法严格区分姿态的真假。因此,在上述地点可能会突然出现真正的劳动的姿态。那么,客观理论对这些地方就不再有效,姿态的一般理论就必须取而代之。这表明,现有的劳动理论与本文提出的姿态理论之间会出现紧张关系。它们的适用范围会重叠。在它们重叠的地方,客观理论将不得不服从于一般姿态理论。在任何情况下,一般理论都要参考劳动理论的方法,但又不能固守这些方法。

在将"真正的"劳动与"虚假的"劳动("自由的"与"异化的")区分开来之后,该理论需要关注姿态与姿态指向的材料之间的辩证关系。我们需要对各种材料进行研究,因为姿态在改变材料的同时也在适应它们。因此,哪怕只是从其可塑性角度出发,理论也需要考虑所有可行的材料(无论何种材料,不管是钢筋混凝土、音乐还是数学公式)。从理论的角度来看,辩证关系的结果,即劳动的产物,将被视为一种固定在材料中的姿态。因此,它也是一个合适的研究对象。每件作品(如摩天大楼、热门歌曲或经济预测)都需要像笔迹学解读字母那样被解读:作为一种姿态,尽管它被材料塑造,但仍尝试显露自由。因此,艺术评论的广泛领域都在该理论的适用范围之内。因此,我们所处的文化环境也具有了作为待破译文本的特征,因为其现象将被视为凝固的姿态。符号化世界的概念将在方法论上富有成果。文化和历史理论的部分研究领域将被吸收到姿态的一般理论领域。这意味着一般理论需要重新考虑被吸收领域的方法。

对于类型三，即无利害关系的姿态，理论将处于未知领域。尽管它可以从康德的《判断力批判》出发，同时该领域已经有杰出的研究（一方面是纪德对无报偿行为[①]的研究和加缪的思考，另一方面是行为主义者[②]的研究和格式塔心理学家的分析），但在处理这类姿态时，理论将不再对已知现象提供新见解，而是发现一些东西。姿态作为一种自由的表达，其目的即它本身。所谓"空洞"的姿态既不是为艺术而艺术，也不是一种游戏，更不是"理论性的在世存在"，尽管所有这些维度都蕴含其中。至于它的核心究竟是什么，只有借助本文提出的理论才能发现它。我们需要将儿童的自发跳跃、行动绘画或抽象符号中的纯逻辑游戏视为无利害关系的姿态。这样一来，一些学科（如博弈论和决策论）就进入了理论视野，而且它们的方法也将为姿态理论所用。但在这一领域，姿态的一般理论首先必须创造出关于无利害关系的姿态的具体理论。看来，这一具体理论很可能会在某种程度上触及"神圣"（Heiligen）的概念。

对于类型四，即仪式姿态，该理论必须区分"真"仪式和"伪"仪式。真正的仪式（如向某人脱帽致敬或做规定的祷告）是具有无目的性的。这一点在本质上与无利害关系的姿态相同，但不同之处在于，它有一个

[①] 无报偿行为指一种不受任何外在动机或期望回报驱动的行为。这种行为是纯粹的、自由的，并且是为了行为本身而进行的。——译者注

[②] 行为主义是20世纪初兴起的一种心理学流派，主张心理学的研究对象应该是可以被观察和测量的行为，而不是主观的意识经验。行为主义者认为，所有的行为都是通过学习和条件反射形成的，环境和外部刺激对个体行为有决定性影响。——译者注

19. 附录：走向姿态的一般理论

固定的循环结构。伪仪式［如看到黑猫向地上吐三口唾沫或信仰坎东布雷的人向埃苏(Èṣù)祈求①］乍看起来是另一种没有目的姿态，但实际上是一种有特定目标的动作。因此，姿态理论必须将伪仪式姿态（魔法）从"仪式姿态"类别中剔除，归入"劳动姿态"，并将魔法作为一种劳动（一种技术的变种）的形式来研究。相反，"真正的"仪式因其无目的性而从根本上是反魔法的，这就需要借助其他的研究方法。举例来说，需要被研究的一个问题可能是，犹太-基督宗教在多大程度上是反魔法的，即它在多大程度上可被视为真正的仪式，以及在多大程度上包含魔法的元素（如以撒献祭的姿态是纯粹的仪式吗？或者它像伊菲革涅亚②的献祭姿态一样，是具有某种魔法维度的吗？）这样的研究将任何仪式的姿态都置于两个视角之下：魔法的视角和无目的的视角。这将使神学、宗教哲学、神话学等学科的研究方法适用于姿态的一般理论，因为仪式姿态可能构成我们所有日常姿态的重要部分。仪式姿态并非只含有宗教色彩的姿态，系领带、剃须、用刀叉吃饭等姿态都可能属于这一类。在这一点上，精神分析方法（尤其是研究神经官能症和强迫行为的方法）对于姿态理论将变得非常重要。

因此，从方法论的角度来看，以结构为标准对姿态进行分类，不仅需要一些与以现象作为分类标准不同的研究方法，还需要开发新的方法。如前所述，分类的标准还有很多，但在按照所有可能的标准分类时，我们都将面对相同的情况。例如，我们可以使用统计的标准，根据

---

① 坎东布雷(Candomblé)是巴西的一种宗教实践，起源于西非约鲁巴(Yoruba)文化，将约鲁巴传统与基督教和其他元素融合在一起。埃苏是约鲁巴宗教中的一位神灵，通常被视为门户的守护者和调解者，负责在神灵和人类之间传递信息。——译者注
② 伊菲革涅亚是古希腊神话中的人物。根据传说，阿伽门农王为了使希腊舰队获得顺利的航行条件，将自己的女儿伊菲革涅亚作为祭物献给了狩猎女神阿耳忒弥斯。——译者注

姿态出现的频率对其进行分类,并采用信息论的方法;也可以使用实用主义标准,根据姿态的效果进行分类,并采用社会学和人类学的方法。但是,在初步勾勒理论时,实际上没有必要进一步探讨可能的分类方式,因为我们已经看到这样一种可能性、一种危险,即这里提出的理论具有过于宽泛的适用范围。事实上,这种危险是不能被漠视的。过于宽泛的理论毫无价值,因为它使用的概念非常"高深",而"高深"无异于"空洞"。但是,理论的阐释力虽然适用于某种研究领域(学科),但并不一定是必需的。一门学科究竟需要哪部分的理论能力,取决于其使用的方法。在一门学科的方法论超出了该学科理论的适用范围同时,更为宽泛的边界线又会为这一理论的阐释范围增加平衡。因此,从这个角度来看,本文提出的理论具有极大的普适性,这是优势,而非劣势。由于过于宽泛,理论可能会面临变得无趣的危险,但宽泛的理论能唤起人们对不断交叉的方法的兴趣,因而得以避免无趣的危险。

四、与历史哲学的关系

毫无疑问,在特定意义上,"姿态的一般理论"和"历史哲学"是同义词。如果姿态被定义为一种自由的表达,即如果能被定义为能动的"在世存在",那么姿态的总和就是历史(res gestae)。反过来说,历史哲学可以被定义为关于行动(也就是姿态)的一般理论。然而,同样清晰的是,在另一种意义上,这里提出的理论将否定历史哲学,因为它将是反历史的。我们或许可以说历史哲学将在"后历史"的情境中发挥作用,这有两个特别的原因。其一,它研究的现象将是历史哲学所研究的现象的微观元素——用莫尔斯的话说就是"微观事件"(micro-événements)。这样一来,姿态理论与历史哲学的关系大致就像核物理学与牛顿物理学的关系一样。其二,在姿态理论中,时间维度只是姿态

19. 附录：走向姿态的一般理论

发生的四个时空维度之一，但在历史哲学中，时间维度构成了事件的主轴。因此，姿态理论与历史哲学的关系大致就像动态拓扑学与亚里士多德的代数学的关系一样。我们将举例说明该理论与历史哲学一方面是同义词，另一方面是反义词的这种双重关系。

假设我们着手研究巴洛克风格，关于姿态的一般理论和历史哲学都有能力研究这一命题，二者是同义的，因为这个问题对它们具有相同的意义，即深入巴洛克姿态，从其背后解读姿态所表达的自由，而不是像其他学科（即使它们同样具有理论阐释力）那样，试图找到姿态的某种经济的、社会的或心理方面的原因或动机，进而"解释"巴洛克风格。历史哲学与姿态理论的同义性在于，它们不是试图说明姿态。而是试图解读姿态。这一点说明了它们是意义论（符号论）的。

但是，它们在对待解读巴洛克姿态这一任务的态度上又具有反义关系。对于历史哲学而言，巴洛克姿态主要是一种"劳动的姿态"，它已凝固为无数具体的作品，它是一种"艺术形式"。从这些具体的作品中，我们可以解读出一种特定的、能动的"在世存在"的特殊方式，其可被称为"巴洛克倾向"。这种倾向盛行于特定时代，如 17 世纪的欧洲，这可以通过原文本的统计得到确定。当然，这并不意味着这种姿态只在劳动形式中出现。相反，历史哲学必须承认存在巴洛克式的交流方式、巴洛克式的仪式和巴洛克式的荒诞（如笛卡尔式的话语、巴洛克式的脱帽礼仪和巴洛克式的宗教性）。当然，这也不意味着这种姿态只发生在被称为"巴洛克"的时代。相反，历史哲学必须承认，巴洛克姿态可能出现在任何年代。对于历史哲学而言，巴洛克姿态意味着一种"普遍"现象，对它的解读可以以 17 世纪欧洲的艺术作品为蓝本。换句话说，对于历史哲学来说，巴洛克姿态是一种在 17 世纪的欧洲处于支配地位的某种"在世存在"的表达方式，虽然它可能发生在任何地方、任何时间。

就姿态的一般理论而言，巴洛克姿态首先是一个仪式姿态的特定方面，因为它可以在日常生活中被观察到。它具有环形属性（Zikularität），因为它倾向于将圆形运动扭曲成抛物线状或椭圆形。姿态理论可以研究人们喝汤时汤匙移动的巴洛克属性，继而从这一微观元素和许多其他类似的微观元素出发，在其他形式的姿态中寻找结构上类似的表达方式，如在交流的姿态（报纸文章、电视节目等）、劳动的姿态（高速公路上的桥梁、管道形式、哲学论文等）和无利害关系的姿态（育儿室中的姿态、发怒时的姿态、观看足球比赛或电视节目时的姿态）中寻找巴洛克元素。在清点了具有巴洛克特征的姿态后，理论可以研究最适合和最不适合巴洛克姿态的材料。然后，它就可以把石膏或算术方程式称为"巴洛克式材料"，把窗玻璃或摩尔斯电码称为"反巴洛克式材料"。该理论还可以继续描绘巴洛克姿态所表达的自由：一种倾向于以仪式化方式"在世存在"的自由，并在其所有行动中表达这种倾向。这只是一个例子。在此处提出的理论中，巴洛克姿态是许多（可能是所有）可被观察到的姿态的一个方面。

历史哲学与姿态理论之间的对立或许可以被概括如下：历史哲学将姿态视为一种"普遍现象"，而"普遍的人类自由"在其中得到了表达（如黑格尔的精神[①]或马克思主义的主体性）。因此，自由在时间的长河中得到了表达。与此相反，本文提出的理论将姿态视为一种"量子化（quantelnd）现象"。在这一现象中，每个实例都表达了特定的、个人化

[①] 黑格尔认为世界的本质是绝对精神（绝对理念）。在他的哲学体系中，绝对精神是宇宙的终极实在，是所有现实和知识的源泉。它既是一切现实的基础，也是人类认识和历史的终极目标。黑格尔的绝对精神不是抽象的概念，而是一个具有丰富内容和历史性的实体。它包含所有的概念、思想和现实，并通过历史的发展过程自我展现和自我实现。黑格尔的这一观点与笛卡尔的"我思故我在"和康德的先验论有所不同。黑格尔认为，绝对精神不是孤立的个体意识，而是包含整个宇宙的意识。——译者注

的"在世存在"。因此，这种表达发生在对个人而言是特定的时空中，即个体可以被视为主体间性网络中的一个节点。

乍看上去，我们似乎根本不是在处理一种对立，而只是在处理不同但相互作用的出发点。我们可以这样论证：历史哲学以分析的方式进行，最后在分析结束时达到个人的姿态。与此相反，这里提出的理论以综合的方式进行，最后达到历史哲学的视野。但是，这一论点是错误的，因为历史哲学的出发点是自由存在于时间，并且存在于一个非常具体的时间——线性时间。历史哲学分析姿态现象的依据完全依赖于这一假设。相反，这里提出的关于姿态的一般理论则试图以尽可能少的假设为前提。因此，可以说它不得不以单个姿态的具体现象为出发点。也就是说，我们面对的是一个真正的二律背反，是一个人们熟悉的"水与沙"的二律背反。被称为"姿态"的细沙让人想起历史主义的"姿态之流"。但是，这种相似性是一种误导，因为在历史哲学中，过程是最重要的，而对本文提出的理论而言，过程是从具体现象中被推断出来的。因此，历史哲学和姿态的一般理论是同义词，因为两者都是试图解读作为自由表达的姿态的学科。然而，二者之间存在对立，因为对于历史哲学而言，个体姿态是在线性时间中发展的假定的"普遍"自由的表达，而对姿态理论而言，这种"普遍"自由（及整个线性时间）是从具体的个体姿态中推演出来的理论。这里提出的理论的反历史性是其反意识形态性的一个重要方面。历史哲学必然是意识形态的。反之，姿态的一般理论则是一种去意识形态的历史哲学。

五、责任

评判理论的一个标准是其在实践中的适用性，即它在多大程度上可被用于技术的训练。自然地，也存在没有理论支撑的技术。人类不知从何时起就一直做出各种姿态,但从没有关于姿态的一般理论,他们也从未察觉这种理论的缺失。然而,这并不意味着我们不需要冒险提出这样一个理论。直至16世纪,人类都是在没有劳动理论的情况下做出劳动的姿态,而且并不觉得缺少劳动理论的支撑。然而,在力学推动下缓慢发展起来的劳动理论从根本上改变了人类劳动的姿态,以至于自工业革命以来,我们不得不赋予"劳动"这一概念完全不同的含义。那么,我们要探究的是,这里提出的理论是否带来了人类对做出姿态的技术的实际效果?如果有,它是什么效果?

我们可以从实践和理论两个角度来探讨这个问题。就实践而言,无人察觉理论匮乏的情况已经发生了改变。最近,姿态以某种奇怪的方式变得比以前"更加自觉"(更加意识到自身的技术性)。我们很容易就能找到人们对姿态的实际态度发生变化的例子,如以身体表达命名的疗法,以"纯粹姿态"出现的事件,诸如生活剧场①、行动绘画②等现象。顺便说一句,对姿态态度的变化非常典型地从美国开始蔓延,这表明它是一种普遍的革命性变化的征候。其导致的一个结果是人们开始寻找关于姿态的理论。研究表明,在现有的理论中,威廉·赖希③的理论可能是最好的。然而,赖希理论的问题在于它过于"特殊"。精神分析、行为主义、社会学和美学理论等都试图从或多或少已被确立的学科

---

① 生活剧院(the Living Theatre)成立于1947年,是美国成立最早、影响最大的先锋剧团之一。该团体以具有实验性质的戏剧作品和激进的社会政治立场而闻名,致力于打破传统戏剧形式,以创造一种新的、与观众直接互动的表演艺术形式。——译者注
② 行动绘画是一种绘画风格,艺术家在创作时并没有认真地涂抹颜料,而是将颜料顺其自然地滴落和泼洒在画布上。艺术家这样做的目的是强调并让人关注绘画行为本身。——译者注
③ 威廉·赖希(Wilhelm Reich, 1897—1957)是美籍奥地利心理学家和精神分析学家。20世纪初,他首次将分析心灵与谈话的治疗取向转向身体形态的研究。他发现人们外在的形态(身体姿态、声音表达、面部表情等)能准确地反映人们的内在状态。——译者注

角度来把握和说明姿态。考虑到前文已论及的内容，可以说这些努力忽略了姿态的本质，它们完全没有从理论上考虑姿态。相反，它们的理论对象是有条件的运动。但是，姿态实践本身就要求不同的姿态理论。这种理论不是"特殊的"，而是具有一般性的。

从理论的角度来看，问题的呈现方式是不同的。如果将姿态定义为某种自由的表达，那么姿态技术层面的问题似乎就是自相矛盾的，因为"自由"的姿态与被技术"规定"的表达之间似乎存在冲突。人们可能倾向于认为，当一个姿态受到技术渗透时，它就不再是自由的（因此也不再是姿态）了。但这是一个幼稚的错误，因为一个运动之所以成为姿态，并不在于它是自由的，而在于它在其中"以某种方式"表达了自由，而"以某种方式"就是"通过某种技术"。姿态理论的技术应用并不触及自由在姿态中的表达这一事实，而会触及自由是如何被表达的。尽管如此，这种应用可能会对能动的"在世存在"产生深远的影响，因为它将允许一个做出姿态的人在理论上意识到他的姿态，从而回避和远离它们。这种"形式上的"超越肯定会产生实际后果。人们会以不同的方式行动。

就目前而言，这种退后一步只能是推测性的，所以它在很大程度上仍然是乌托邦式的。然而，显而易见的是，这将提供一种距离，让人可以"从技术上"控制自己的"在世存在"。这样一来，它在姿态中表达的自由增加了，而非被削弱了。这就概括了本文提出的理论的责任（Engagement）：为提升人的自由作出贡献，并能让姿态在其定义的完整意义上得到实现。这意味着人能跳出历史，继续行动，并且第一次真正"历史性地"行动。这样的理论不会是价值中立的。相反，它的价值就是自由。它将有意识地成为解放的工具，因而是反学术的，但因为它是"形式上的"，所以同时也是反历史（反意识形态）的。从这个意义上说，无论是在理论上还是在可能的实践中，姿态理论都将是一门自称为"后历史"（posthistorisch）的未来学问，即一门所谓"新人类"的学问。

我们很可能正处于革命形势之中（我们无法全面地了解形势，所以无法确定形势是否"客观地"具有革命性）。我们身处革命之中的这种感觉表现为一种必须先重新定位，然后才能行动的感受，一种需要发展新型理论的认识。对姿态一般理论的提议就来自这种感觉，因为姿态是关于我们能动的"在世存在"的具体现象的问题，是自由的问题。而革命，归根结底总是关乎自由的。

译后记

弗卢塞尔观察到,传播学正逐渐成为一门显学。不同于传统的人文科学,它更注重对现象象征维度的研究,所以更具符号学的特征。也就是说,传播学是一门人为地赋予信息意义的学科。为了更进一步丰富、完善传播学的理论架构,弗卢塞尔在讲座与授课的过程中不断积极地探索新的切入点。他以现象学为方法论,在"存在先于本质"的理念下,进一步明确了"现象并不是物自体,而是在考察之中出现的事物"①。在此基础上,他积极地投入对姿态解释理论的研究,以期为传播学理论"添砖加瓦"。这也正是《姿态:一种现象学实践》(以下简称《姿态》)一书的写作背景。

《姿态》是弗卢塞尔诸多成果中的一部关键作品,它汇集了他在十余年(1978—1991)时间里展开的思考。弗卢塞尔试图解码人类传播中隐含的深刻危机,并通过对各种姿态的现象学分析一一揭示它们。具体而言,弗卢塞尔以日常生活中的16种具体姿态(书写的姿态、言说的

---

① 参见[巴西]威廉·弗卢塞尔:《传播学:历史、理论与哲学》,[德]斯特凡·博尔曼编,周海宁译,复旦大学出版社2022年版,绪论第6页。

姿态、制作的姿态、爱的姿态、破坏的姿态、绘画的姿态、摄影的姿态、拍摄电影的姿态、翻转面具的姿态、种植的姿态、剃须的姿态、聆听音乐的姿态、抽烟斗的姿态、打电话的姿态、录像的姿态、探索的姿态)为考察对象,在探究姿态"具体性"的过程中将它们解读为有关自由的表达。也就是说,弗卢塞尔以一种现象学的尝试,对每一种姿态的"意义"进行了再挖掘。因此,在本书的最后一章,他以"走向姿态的一般理论"为题,将姿态的阐释理论完善并融入了传播理论。

本书收录的文章由部分德文手稿和部分法语手稿构成,它们源于弗卢塞尔在巴西圣保罗和法国艾克斯-普罗旺斯的讲座与授课。本书中的法语文稿有《书写的姿态》(Geste des Schreibens)、《制作的姿态》(Geste des Machens)、《摄影的姿态》(Geste des Fotografierens)、《打电话的姿态》(Geste des Telefonierens)、《录像的姿态》(Geste des Videos)和《探索的姿态》(Geste des Suchens)。威廉·米克伦蒂奇(Wilhelm Miklentisch)将它们翻译成德文,弗卢塞尔又于1991年夏天重新修订了德文版。

弗卢塞尔对姿态的现象学考察也是一种对历史哲学的探索。在他看来,姿态的实践发生在时间维度,但姿态的现象学实践又明显地具有一种超历史性的特征。也就是说,时间性的线性历史维度具有意识形态的特征,超线性的姿态现象学实践是一种超越历史的后历史性实践,因而后者具有一种去意识形态的特征。如此看来,弗卢塞尔对姿态现象学的考察就超越了历史哲学,他实际上是展开了对"后历史哲学"的探索。在这样的探索过程中,弗卢塞尔从根本上将传播学理论,即传播哲学,视为符合后历史维度的学问,所以他关注的姿态的现象学实践从本质上说是在继续完善他的传播理论。

目前,国内已出版的弗卢塞尔传播哲学作品,如《传播学:历史、理论与哲学》《技术图像的宇宙》《表象的礼赞:媒介现象学》《书写有未来吗?》《摄影哲学的思考》《后历史:二十篇短文与一种使用方法》,它们都以弗卢塞尔对媒介史、媒介现象的变迁与人类传播的关系为背景,以对"不知旧无以革新"和勇于迎接传播革命造成的"范式转变"的反思为前提,点明了人们直面当下、直面人生,积极寻求自由意志的良策。《姿态》是弗卢塞尔一系列文章的集合,它贯彻了作者的意志,目的在于探明人类在探索人类传播时能够走多远。同时,从对姿态的考察来看,它显示了"我们可以走得很远,甚至可能令我们自己都感到惊讶"。弗卢塞尔和本书所具有的突出信念感激发了我们翻译此部作品的初衷。

弗卢塞尔站在马克思思想——"哲学家只是以不同的方式解释世界,而问题在于改造世界"①——的延长线上,提出:"传播理论的形成源自我们对人类文化发展情况的理论性考察。毫不夸张地说,就是将以前哲学担负的责任转交给传播学。"②也就是说,如今的传播学不仅应该阐释世界,还应该改造世界。与此同时,反观当下的媒介化社会和人们的媒介化日常生活,媒介早已超出"人的延伸"范畴。正生活在媒介重重包围之下的我们,或许可以再次发出"庄周之问":到底是庄周梦到了蝴蝶,还是蝴蝶梦到了庄周?从更深的层次上说,人与媒介的边界到底在哪里?是人造就了媒介,还是媒介造就了人?作为对上述问题的回答,本书明确了两点:其一,媒介作为人所面对的"对象",其对象性是不断变化的,并呈现为不同的表象;其二,人作为对象的"主体",其主体性具有能动作用,能赋予对象不同的意义。书中对人们当前生活的种种深刻启发为我们翻译此部作品提供了强大的动力。

---

① 参见《关于费尔巴哈的提纲》,第十一条。
② 参见[巴西]威廉·弗卢塞尔:《传播学:历史、理论与哲学》,[德]斯特凡·博尔曼编,周海宁译,复旦大学出版社 2022 年版,第 193 页。

回顾弗卢塞尔的学术生涯，他自 1938 年起在布拉格的查尔斯大学学习哲学，1960 年开始与圣保罗的巴西哲学研究所（IBF）合作，并在《巴西哲学杂志》上发表文章。在 20 世纪六七十年代，他做过科学哲学讲师，教过传播哲学。这些都成为他最终转向传播学研究的基础。通过传播学，他不仅研究了人类传播的学问，也研究了"人生"。可以说，弗卢塞尔以传播理论为基础，以现象学为研究方法，指向的不是学问，而是"人生"，即人之为人的意义究竟为何。终其一生，弗卢塞尔就是一位意义的探索者。他认为，意义并非源于"自然"，而是一种"人为"的产物，而且"传播"只是人类传播大变革过程中的研究对象。研究传播并非弗卢塞尔的终极目标，其终极目标指向"意义的生成"。也正是通过"书写"，弗卢塞尔希望，随着自己作品的不断传播，能帮助更多阅读者寻找自己的人生意义，因为人类传播的过程就是一种意义生成（赋予意义）的过程。这也正是我们通过翻译此部作品，渴望向大家传递的关键信息。

目前，国内学者和读者对弗卢塞尔传播思想的研究兴趣和阅读兴趣都有极大提升，这是我们乐于看到的。同时，我们非常庆幸，有越来越多的志同道合者携手前行在传播哲学研究的进路上，这让我们有了继续翻译弗卢塞尔作品的信心。我们期待，弗卢塞尔的作品能以一种独特的"姿态"为国内学界带来颇有助益的学术启发。在此，感谢中国人民大学刘海龙教授为本书撰写序言，这让我们无比荣幸，也备受鼓舞；感谢复旦大学出版社一直以来对弗卢塞尔作品翻译工作的支持，感激刘畅编辑专业、细致的工作；感谢山东师范大学新闻与传媒学院对弗卢塞尔研究工作的支持，这让我们得以吸纳更多的老师加入翻译与研究弗卢塞尔作品的队伍；还要特别感谢山东师范大学新闻与传媒学院的新闻学硕士生潘颖、华东师范大学传播学专业的博士生许凌波在校读书稿方面付出的劳动。

  本书的翻译以从弗卢塞尔之子米格尔·弗卢塞尔（Miguel Flusser）先生手中获得授权的德语版为基础，同时参考了英文版和韩文版。虽几经对照，我们仍恐难以精准地表达弗卢塞尔之巧思奥义，若有不当之处，恳请读者批评指正。

钱　婕　周海宁
2024 年 8 月于山东济南

图书在版编目(CIP)数据

姿态:一种现象学实践/(巴西)威廉·弗卢塞尔
著;钱婕,周海宁译.--上海:复旦大学出版社,
2024.9. -- ISBN 978-7-309-17648-3
Ⅰ.G206
中国国家版本馆 CIP 数据核字第 20241T3U62 号

Gesten: Versuch einer Phänomenologie by Vilém Flusser/ ISBN:9783927901094
Copyright © 1991 by Vilém Flusser
Chinese Simplified language edition published by Fudan UNIVERSITY PRESS CO., LTD.
Copyright © 2024. This edition is authorized for sale throughout Mainland of China. No part of the publication may be reproduced or distributed by any means, or stored in a database or retrieval system, without the prior written permission of the publisher. 本书中文简体翻译版授权由复旦大学出版社有限公司独家出版并限在中国大陆地区销售。未经出版者书面许可,不得以任何方式复制或发行本书的任何部分。

上海市版权局著作权合同登记号:图字 09-2024-0954

姿态:一种现象学实践
(巴西)威廉·弗卢塞尔 著   钱 婕 周海宁 译
责任编辑/刘 畅

复旦大学出版社有限公司出版发行
上海市国权路 579 号 邮编:200433
网址: fupnet@fudanpress.com   http://www.fudanpress.com
门市零售: 86-21-65102580   团体订购: 86-21-65104505
出版部电话: 86-21-65642845
常熟市华顺印刷有限公司

开本 787 毫米×960 毫米 1/16 印张 14.25 字数 171 千字
2024 年 9 月第 1 版
2024 年 9 月第 1 版第 1 次印刷

ISBN 978-7-309-17648-3/G·2630
定价: 58.00 元

如有印装质量问题,请向复旦大学出版社有限公司出版部调换。
版权所有   侵权必究